徳武　邦男

新訂　日本的人間性の研究

―変遷する日本のアイデンティティーと不変の西欧的ロゴスとの双方を見据えつつ―

東京図書出版

はじめに（著者からの、この本の紹介）

私は予々《かねがね》「集団意識」「汎アニミズム」などの原理を用いて、日本文化の太古から現代までを研究して来ており、一九五〇年代の初め頃からの日本の高度経済成長から経済大国に至る期間に日本文化に現れて来た、あやしげな胡散臭《うさんくさ》さへの批判的な視点も示しつつ、右記の研究結果を基本として、『日本的人間性の研究』を書物としてまとめて一九九一年に出版致しました。

その後も、サラリーマンの現実体験で人生の深みを味わいながら、特に幕末、明治期の偉人・天才達《たち》の日本文化への貢献を知って感動し、一層貪欲な滅多矢鱈《めったやたら》の勉強やら研究の学習やらに励んでいるうちに、上方《じょうほう》からの声のように突然自分のうちに「成熟」の感覚を覚《おぼ》え、書物を出したいとの欲望に駆られて『新訂　日本的人間性の研究』を東京図書出版から刊行することとなりました。本書は、右記のような雑然たるものを出来るだけ渾然とまとめたもので、何気なく読んでも雑多な面白味があり、一方、妙《みょう》な滋味《じみ》を覚《おぼ》えて得《とく》をするものですから、是非、購入して読んで蔵書の一《ひと》つに加えて頂きたく、よろしくお願い申し上げる次第です。

新訂　日本的人間性の研究◇目次

第一部

総じてこの書物は、主として「認識」にかかわるものとして、主に文化などを対象にしてきたのであるが、日本がその目標になってくるや、その判断基準になったのは、「和漢の学」でも、「仏教の教え」でもなく、西洋の、欧米の、「学の基準」としての、「ギリシア・キリスト教的ロゴス」であったのである。

日本は世界の中でおくればせながら近代文明国になったのであるから、その文化や理念を研究し解明するのに、この学の基準によるのは当然であり、そうしなければ日本はいつまでたっても認識できない国でありつづけるのではないかと感じていたからなのである。そして認識の作業にとりかかるや否や、ギリシア・キリスト教的ロゴスに拠るは当然だが、それだけでは駄目だ。もう一味ちがうものが必要だと考え込むようになったが、日本では集団意識とか、アニミズムなどの、意識の基底の方に在るものが認識のキッカケになるのではないかと思いつき、それらを認識の小道具として整え、これに手を延ばして始めてみると果たせるかな、日本的集団意識とか、日本的アニミズムとか、日本のこころなどと呼ばれるものが、いわば芋蔓《いもづる》式につながって出てくるのを感じ、それならそのようにつながっているものを中心に描いてゆこうと決心した次第である。

その結果は、**第一部**として詳細に述べられているが、あたかも日本が下の、底の方から全面的に解剖されたとの印象があり、日本が裸《はだか》になった。そして世界が、そして日本人自身が驚いてそれを眺めたのだった。実に、日本の歴史で初めての事件だったと言っても過言ではない。

そしてすぐに問題となるのは、この全く新しい、日本的集団意識などがかかわって解明された体制を洗練しつつ保ってゆくことで、それには国が、政府が哲学的態度で国の運営に臨《のぞ》む必要があろう、古代ギリシアで言われた「哲人による政治」が必要だろう、ということになった。世界の文明国一般と異なり、日本が常に哲学者の目で自分自身を見張っていなければならぬということは重要である。「**日本の特殊性**」として。

そこで自己認識の小道具たる日本の集団意識などを一表化し西欧《せいおう》の言葉による訳をつけてかかげておくこととする。

日本的集団意識（注1）	
（英）	Japanese group consciousness
（独）	japanisches Gruppenbewusstsein (japanische Massenpsychose)
（仏）	groupe-conscience japonaise (collective conscience japonaise)
（ラ）	turba-conscientia Japonis

（日本的）汎アニミズム（注2）	
（英）	Japanese pananimism
（独）	japanischer Pananimismus
（仏）	pananimisme japonais
（ラ）	pananimisma Japonis

日本的ウチ意識（注3）	
（英）	Japanese inner consciousness
（独）	japanisches Internbewusstsein
（仏）	intérieure conscience japonaise
（ラ）	imterior conscientia Japonis

（注1）太古のある時、鳥類や哺乳類の特定の集団において、その集団としての状態を保ってゆきたいという感情が生じていたと見なし、これは自明の事として「公理」として位置づけた。その公理の下で日本人の集団的諸現象の中に、既に『古事記』にも記されているように集団維持の感情が著《いちじる》しく発生しているのを確認し、これは公理から演繹《えんえき》的に導入された「定理」とみて差し支えなく、「日本的集団意識」と名づけて日本文化の基本的命題の一つとして、日本文化の解明に活用する次第である。

また鳥類も、哺乳類同様の「温血動物」であり、私（著者）の観察では哺乳類的な集団意識に包まれていると見られ、雀《すずめ》や烏《からす》で「仲間」「家族」の集団的意識は明瞭である。また彼等は集団意識から派生したとみられる複雑な意思伝達法を所有して居る。特に雁などの渡り鳥では集団意識への依存が著しいと感じられる。「渡り」が目的地までうまく遂行できるかの「不安」、途中猛禽に襲われたり、自分の病気などによって、親子の別れが生ずる「不安」や「怖れ」「悲しみ」などが、例えば雁の鳴き声（雁が音《ね》）などで多様に表現され、それを聞いた心ある哺乳類（人間）の歌や文章によって「書いたもの」にまで高められたのである。以上余計事ながらここに記しておく。

（注2）太古の時において、すべての民族がアニミズムを持ったのである（すなわち既に自然の中に見られた多様な存在の一つ一つにたましい〈アニマ〉があると感じ、その状態を一般化してアニミズムと名づけた）。ここでアニマを「公理」とみなしていたわけである。そして他の民族一般においては特に重要視した樹木や岩石などのアニマ以外は、時代が下るにつれて大部分は消えてゆくか、又は外来の大宗教などに触れて吸収されてしまったのに比べ、日本においては個々のアニマが集団意識的な連帯感によって消失せずに集団として残ってゆき、動物から植物、また無生物に至るまでのアニマが、汎アニミズムに向かい、結局「日本的汎アニミズム」として、自《おの》ずから「定理」的段階に到達したわけである。

（注3）日本的ウチ意識などは、日本的集団意識の亜種のように感じられるので、公理・定理などの議論は必要ないであろう。

汎アニミズムの、対象をなんでも「仲間」と見る傾向をもつ日本的ウチ意識が、後に考察するように、精神の中に何も持たない「新人類」なる若者のあとをついで、**「暖かな情緒で仲間を包み込み安定した」**家族や、日本人の組織・団体を無数にふやしてゆく有り様を見ると、これが国《くに》の文化を背負う人達であり、日本はこの**「アフター新人類（アプレ新人類・ナーハ新人類）」の世**を迎えるのかという気もだんだん強くなって来るのである。

一方、コロナワクチンの副作用が血液型O型の人では少ないなどの噂《うわさ》が耳に入る。免疫学的なしっかりした話ではないが、かなり以前から、薬の副作用は血液型との間で、ある傾向が見られるとの事もあるので、この小著で扱って来た「日本的集団意識」以下の命題に、免疫学的・血液学的アプローチがなされないとも言えないであろう。「コロナ・パンデミック」はそのような気運を持って人類の前に佇《たたず》んでいる。アフター新人類の人々がそれに鈍感でありつづけるとは考えられないのだ。しかし、ここまでがこの小著の限界で、これ以上の論考はやめておきたい。

第一章　「日本的集団意識」の設定と確認

一、集団意識の特殊様態としての「日本的集団意識」の設定

自然科学的な概念としての、心理学で扱う集団意識は、いわゆるモップ現象や軍隊での集団意識、また集団体操などで発現することが認められているもので、群衆のある異常な事態、また異常な事態を想定した団体・集団が全く同一の行動をとる行事などに伴って生ずるものが代表的なものとして挙げられる。また特定の目的をもつ団体が、それにふさわしいシンボル、例えば記章、制服、旗、歌、スローガンなどを用いることによって、集団意識は高揚され強化される。

これらのことから、集団意識は、異常な、あるいは切迫した状況下で、短期的にまたは一過性に発現するのが、その本質的な性質のように思われ、これを持続させるには、異常な事態の想定を制度化した団体とすることや、強い目的を常に意識させるためのシンボルの多用などが必要なようである。

いずれにしても集団意識は、ある集団への（我々感情と心理学で言う）、集団の成員の胸中に膨れ上がり、全員がそれを共有するものである。単なる知覚としてある集団の中にいるという意識は、まだ集団意識とは見なされない。集団意識は感情である。当然この感情は、集団の成員が「同じ」仲間であるとの強い意識によっているから、各成員の元来の個性の差の意識、社会的な立場や役割の差の意識など

は後方に退き、人間や社会的状況への客観的認識を困難にする傾向のあることが知られている。

周知の通り、近時、人間の行動を、動物の（本能的）行動と比較研究し、人間の高次な社会的・文化的な行動にも、相応する動物的な基盤の存在することが認められてきている。例えば、人間のもつ縄張り意識や、ボスを欲する心理なども、狩り（他動物の捕食）を生存手段としていた肉食獣や、森林の植物資源を主な餌とし、強力なボスのもとにまとまって生活しているサルのような動物の行動に、その原型があるとされている。集団意識も群棲していた動物にその原型があり、人類の祖先を経て現在まで受け継いできたものと考えてよいであろう。そして群棲していた動物が、特に一体感を強めてまとまった行動を起こすのは、外敵の襲来、餌たるべき生物の出現・接近、何らかの理由による群れの大移動の必要性など、突然の、あるいは異常な事態への対応としてであったことを想像すると、人間の集団意識の、前述のような性質も理解できることである。集団意識は世界の殆《ほとん》どの民族においては、特別な場合や特別な団体にみられるだけで、日常の社会的生活全般に広くみられるというものではない。

さて、日本人社会の日常において、集団意識らしきものが一般的に広くみられるというところから、話は始まるわけである。

まず日本人の家庭において、また一定の社会的目的をもつ集団（あらゆる団体や組織体）において、さらに趣味や遊び仲間などの団体において、そのような我々感情らしきものの発現が広くみられるのであるが、そこには、後にくわしく観察するように、明らかに、個人の役割意識や個性の感覚や、客観的理性的精神などよりも、一体感、帰属感、仲間的情緒の方が優位を占めており、例えば家族内では、父や母の、しつけするものとしての役割意識や単なる父性愛・母性愛としての感情より、むしろ「**わが**

や」という一体感の中で全員が同一の甘い情緒に浸ることが優位であることが多く、特定の社会的目的をもった団体や組織体の中でも、とかく和を重んじて、全員一致が標榜されるなど、個々の差の感覚、客観的・理論的発言への傾向などは抑制されるのが普通である。また日本人は、集まればおのずから一体感をもった集団となりやすく、さらに、一般に世間の中で、自己の独自の考えを持ち、これを表明するよりは、他人との同調的姿勢にある方が多く、そのような生き方の方が日本人の心は安らぐのである。

そこで一応これを「日本的集団意識」として設定することとする。

二、日本人社会にみられる、いわゆる集団性、集団的傾向を、「日本的集団意識」の諸発現様態として考察する

集団への、日本的な一体化行動の一例

まず、日本人が個人レベルで「日本的集団意識」を、発芽させつつ集団の一員となり、集団と一体化する過程を一つの例として描いてみる。

ある企業に、新規採用者が入社し、ある部門に配属になったとしよう。するとまずその部門内の、課などの小集団のもつ雰囲気への同調・融和が求められる。言葉でそのように求められるわけではないが、日本人なら自明のこととして、そう感じそれに応ずるのである（半ば無意識的に）。欧米の企業内での場合を想像すれば、まず自己の持っている専門的機能を直ちに働かせること、または企業の特殊性に合わせてのその機能の調整・再構築が求められ、本人もその気構えで入ってくるわけであるが、日本では

そのことは勿論求められてはいるが、まず集団のこの雰囲気に融けこむことが先決である。それはどのようになされるか。まず最も身近な先輩格の誰彼と個人的な接触を行い、仕事上の案内・指導を受けつつ、または仕事の時間以外の、食事や夜のつき合いなどの場も含め、職場の人々の微妙な人間関係のニュアンスをそれとなく教えて貰い、さらに、例えば出身地や出身校や居住地の環境や趣味などプライベートな話題をも交わしつつ、昆虫の触覚による交信めいたやり方で、先輩格の人柄やその集団の雰囲気の波長を理解し、これに同調するようにしながら、自分の内から「我々感情」をそのようなものとして芽生えさせるようにする。このように次々と個人のもつ集団意識（我々感情）との交信を行ってその範囲を広げ、その集団全体の雰囲気に適合した自分の「我々感情」を作りあげて集団へ融けこむ。その際、調和を乱さない範囲で、自分の性格特長の色づけをした「我々感情」を加えて、その集団意識への寄与を行うことが歓迎される。このようにして、新人は集団の本当の一員、つまり「そこの人」になる。このことがまず先決である。まずこれを行って、ややしばらくして自己の専門の技能なり、自己のアイデンティティーの深みから生ずる高次の機能（例えば企画、調整、リーダーシップなど）なりを、その集団内で働かせることができる。

日本人の組織体では、どんな技能や運営も、その集団の成員の「我々感情」がまとまって融合したものの醸し出す雰囲気と緊密に織り混ぜられて機能しているから、**そこ**でやってゆくにはどうしてもまず**「そこの人」**になりきることが先決である。集団意識への親和性があまりないような外国人が、日本の企業で働くとき、ゆきあたる困難の一つは、「日本的集団意識」から行われる、この**「そこの人」**になることの意味が、はじめ、よく理解できないことにあるだろう。

「日本的集団意識」によって発生する「ウチ」集団

ところで、右に述べたような意味で、「そこの人」になることは、以前からのその集団の人々からいえば、「ウチ」の人になることである。

日本人は、自分の家庭のことも「ウチ」というが、自分の所属する社会的機能集団、組織、企業体自身のことも「ウチ」という。そしてこの「ウチ」の雰囲気にかかわる独特の言葉がいくつかある。たとえばウチ同士の者の一人がウチらしくない、我々感情にそぐわない、よそゆきの、また儀礼的に過ぎると感ぜられる言動をとったとき、彼は「水くさい」といわれる。水くさいとは、酒など豊醇な濃密な味わいや肌あいをもつものの中に、その快い密度高いまとまりを破壊するものとしての「水」が入ったときの印象である。日本人の「ウチ」はこのように濃密で快い一体感の情緒をもっているものである。

また「ウチ」にはその雰囲気を維持しようとする力が強く働いており、その雰囲気になるべく調和しそうな個人を受け入れ、そうでない者は排除しようとする。調和しない雰囲気が無理にもちこまれると、集団の人々は「シラケて」しまうのである。また「ウチ」の内部では、異論や少数意見などは雰囲気の濃密な純一性を乱すものとして、なるべく避けようとされ、はっきり表明される前に「全員一致」「満場一致」が標榜される。退社は常に「円満退社」でなくてはならず、そうでなくてもそういうテイサイが必要なのだ。これが「日本的集団意識」を落ち着かせるのである。個人間の差を意識的にははっきりさせないこと、議論なども論理の筋をぐいぐい押し通さず、「まあまあ的」におさめること、つまり理論、理念よりは和気あいあいという情緒的一体感が大切にされる。

さきにも述べたように、日本人は自分の所属する団体や組織を、外来者に対しては、ほとんど常に

「ウチ」と呼ぶことからみて、日本社会は、「日本的集団意識」が強く作用している、いわば「ウチ集団」に広くおおわれた社会であるということができよう。

「ウチ集団」の集団意識発現態（情緒）は、主に「甘え」である

家族集団の単位についてみると、家族の成員つまり親と子、夫と妻などは、各々それぞれの位置・役割関係にもとづいた、生物学的な深い根をもつ愛情によって結ばれている。日本の家族においても、その愛情関係の骨格は他民族と同じなのであるが、ここに「日本的集団意識」が加わることによって、独特の情緒が生ずる。

家族の成員の間では、愛情の絆が強いため、いくら我を張っても、喧嘩になっても、この絆は滅多に切れることはないという安心感がある。この安心感と集団意識の非理性的傾向が結びつくと、父親母親などの役割意識が減退する中で、自己主張と寛容が際限なく行われてもよいという気分が生じることになる。勿論現実にはそのような自己主張と寛容が全く制限を受けないわけではなく、行きすぎれば、集団分解の危険を防止すべく適度に抑えられるのであるが、その際も役割意識、責任感の立場からよりも、結果や外聞への配慮からという立場からなされることが多い。したがって本音としては自己抑制をしなくてもよいという気分が存在することになる。特に子供がまだ乳幼児である間は、役割意識や責任をもつ能力のないものとして、しかし集団の大切な一員として、この気分はかなりのところまで（最近では極端なところまでの場合が多い）許容される。

このように、家族内で「日本的集団意識」がやや肥大して、情緒として家族の成員を包み、各成員の

役割意識、義務感などを弱めて各成員の我儘《わがまま》、恣意《しい》を容認し、また容認される状態は、「甘え」という言葉で表現するのが適当と感じられる。そして日本人が他人同志で作る「ウチ集団」の雰囲気も、家族の場合よりは「制限」されてはいるが、その基調は「甘え」と同じであると考えてよさそうである。事実、この「制限」はときどき「無礼講」などと称する場で大いに緩和されて、集団の内外における非理性的・非客観的な自己主張や無責任として現れる傾向からもそう思われる。

西欧の諸民族の言語には、「甘え」にぴったり相当する語がないようである。辞典で「甘え」に当たりそうな語を探すと、「寛容」とか、「我儘を放置することによって社会的な適応のできない駄目な人間にしてしまう」という意味に当たる語が浮かんでくる。このように、客観的には、社会的に善しとされるものも、悪しとされるものも含んでいるところに「甘え」の「集団意識」たる本質がよく現れていると思われる。

ここで注意すべきは、「甘え」の起源が、すべて家族・家庭にあるということではない。日本人が乳幼児期に、日本の家庭内で「甘えて」育つから、自己の内部に「甘え」への傾向をもち、他人同士の集団でも「甘え」を生ずるというのではなく、乳幼児としては「甘え」の中で育ったわけではないような生い立ちの人も、日本人であれば、どこでも「日本的集団意識」の甘え的様態にぴったり融合できるのである。

ただ最近では、右のような典型的な「ウチ集団」の雰囲気は変化してきている様相もある。たとえば、現今の家庭では、「甘え」と「甘やかし」が異常に肥大したり、一方では「古典的(?)甘え連帯」が崩れて、本音(特に妻や子供の)表現が自由に行われたり、また「甘やかし」の異常肥大のもとで、抑制を失った情緒が我儘として、暴力的な形で噴出したりする現象もときに見られる。また企業社会においても、能力の重視、能力あるものの自由な転職の傾向、外国人の雇用などによって、甘え構造の濃密性は弱まり、ウチ集団の強い一体感という雰囲気ではなくなってきている状況もみられるが、それでも、その意味で**時代の先端を行くS社のような企業集団でも、会社は家族のようなものである**として、欧米の企業観とは根本的にちがうことが言表されているのである。「ウチ集団」の情緒は変化していっても、その本質的な、家庭的なまとまりの感じは、日本人の心に安らぎを与えるものとして、日本社会から消えることはないであろう。

「甘え」から「はしゃぎ」へ

家庭に限らず、いやむしろ他人同士がある目的のために集まった、比較的小さな「ウチ集団」が、日常性の場から解放されて、宴会、旅行など気分高揚と解放の場におかれると、「ウチ」の集団意識は、一過性に急激に膨張して、「甘え」から、特有の「はしゃぎ」へと変質し、時にそれは狂躁状態を示すこともある。その物理的・精神的騒々しさは、「ウチ」以外の人間にとっては耐え難い程度に達することが、しばしばであるが、「ウチ」の人々はたいていそれには無感覚・無頓着である。乗り物の中やレストランその他公共の場で示される、日本人の家族の、はた迷惑な「団結」や、海外買い物・美食ツアー団体の傍若無人ぶりを挙げれば例としては十分であろう。「ウチ」を形成する意識が、理性的なものを含んだ客観的精神ではなく、情緒の一種としての「集団意識」であることが、このように「はしゃぎ」へと膨張することによって一層如実に感得される。

さて、このように客観的でない精神から眺める「ウチ」の外側は、いわゆる「ソト」「ヨソ」となる。

「ウチ」集団意識の「ソト」への反応

右のように甘えであれ、はしゃぎであれ、「ウチ」集団意識が、その集団内部にとどまっている間は、「ソト」は無関心な世界にすぎず、ウチ集団は閉鎖性の中にとどまっている（これは昔から日本人の公徳心の欠如などの形で現れてきた）。ところが、「ソト」がなんらかの形で「ウチ」に働きかけたり、「ソト」へ働きかけねばならぬ事情が「ウチ」に生じて、ウチ集団の意識がソトへ向いたとき、ここに「ウチ」と「ソト」との緊張関係が生じる。「ソト」が「ウチ」に対して融和的な姿勢のときは別だが、「ソト」が「ウチ」への同化を拒否したり、敵対的であったりする場合、「甘え」や「はしゃぎ」はそのままでの「ソト」への拡張が阻まれ、排他的感情、優越感情、軽蔑感、敵意、怒りなどの集団雰囲気へと変化して攻撃的に「ソト」へ向かってゆく。「ウチ」に横溢し高揚している集団意識が、成員の公平な客観的な精神機能を抑圧しているために、「ソト」の人間や事物のもつ精神や雰囲気を公平に受容することができず、これを排除または破壊しようとし、また積極的にそうすることによって、「ウチ」の集団意識は一層強化される。

昔から日本のいわゆるムラ社会において、「ヨソ者」は、うさん臭いものとして、無関心からさらに軽蔑、敵意などで扱われてきた。また現代でも、たとえば漫画本を回し読みしたり、談笑したりしている若者の集団に、高齢者などヨソ者的な者が、何か訊ねようとしたり、声をかけたりなどした場合、若者の表情がとたんにシラけ、一瞬敵意さえ含んだ目つきで相手を見つめる場面がみられたりする。また

子供の世界では、任意に「ウチ集団」が形成され、その排他性による喧嘩や勢力争いによって、さらに、特定個人を殊更にヨソ者の位置づけにしてイジメることによって、「ウチ集団」の集団意識の肥大・刺激を楽しむ現象がみられる。このように、若者や子供の世界でも、集団意識にうながされての「ウチ」集団の形成傾向は、家庭などある面では弱まっているが別の場で強まっている様子がみられ、全体として日本人の集団意識親和性と「ウチ」集団形成傾向は、本質的には時代や世代にかかわらず、不変であると思われる。ただ現代では、ウチ集団意識が、「甘え」より「はしゃぎ」の様相を呈しているのが(家庭でも)目につき、また右のイジメなどのような病的肥大が散見され、「日本的集団意識」の全般的な変質が感じられる(第五章で考察)。

「甘え集団」の無責任・非倫理性

次に、戦争など非日常性の場では、閉鎖性から排他性、さらには攻撃性へと変化する集団意識の典型的図式は明瞭かつ強烈に現れるのは当然で、これは勿論日本の「ウチ」集団に限らない。かつて、イタリアやドイツのファシズムの、他民族に示された排他性・攻撃性、そしてそれに伴う数多くの残虐行為も、集団意識そのもののダイナミズムが深く関与していたことは明白であろう。

ただ日本的ウチ集団の「ソト」への攻撃性や残虐行為には、その元来の特徴たる「甘え」や「はしゃぎ」が顔をのぞかせることがしばしばで、第二次世界大戦時、日本兵が、獲物を見せびらかす狩人や釣り人のように「ウチ」の狂宴の悦びを増幅するために、無道な残虐行為の餌食となった「ソト」の被害者を獲物扱いしてその数の多いのを誇ったり、また被害者がこの狂宴に参加できるかのように振る舞うなど、「はしゃぎ」の極度の膨張や、「甘え」の極端な対ソト盲目性が多く観察されており、**ここには西欧のファシズムの冷酷一点張りの集団的攻撃性とはまた一味違ったおぞましさ**が感じられるのである(ほんの一例を典型として挙げると、いわゆる支那事変のころ、**南京陥落に際しての日本兵の残虐行為の中に、数人の兵士による婦女暴行の直後、屈辱と悲嘆に打ち砕かれている被害者の婦人と、当の日本兵達が並んで記念写真を撮ることが行われたそうである**)。

さて日本の敗北とともに戦争が終わると、日本人はまた「ウチ」的集団社会の中でせっせと戦後の復興に励むことになった。そして「日本的集団意識」の特徴たる、平時の持続的発現様態にすっかり包まれることによって、**戦場で起こったことが、遠い、無関心な「ソト」の出来事のようになってしまった**。戦争で異常に強烈な攻撃性へと膨張していた集団意識が、平常時にもどって、閉鎖的・対ソト無関心の甘え的ウチ集団意識へと移行したためである。戦場での集団意識の膨張が平時にもどったとき、集団意識としてゼロになってしまえば、戦場の出来事や自己の行為が、集団意識の我々感情的なものでぼかされることがなく、あくまで個人の(我々でなく私の)こととして意識に刻印される。ここから良心の痛みも鋭く生じる。**日本人では集団意識への親和性が強いため、多くの人々は、平常の生活にもどれば、それぞれの家庭や職場で「ウチ」集団へ没入し、我々感情を生活の主な情緒として生活するため、過去は漠然化しやすい。日本人は過去を「水に流す」のを好む。日本人は「ひとり」になって世界に向かい合うことが少ないのである。客観的精神の性質を欠いた集団意識の本質、そしてそれが「日本的集団意識」であることによって、常にそれに強く浸されている日本人特有の「忘れっぽさ」の原因がここにみられる。このために、アジアでの、日本人による長期間にわたる他民族への圧迫、収奪、残虐行為が、**

民族の良心として総括して反省され表明されるという気運が日本人の側から自発的には遂に生じてこなかった。ドイツではそれが行われ表明されているのである。

なお、この「忘れっぽさ」と同様、「熱し易く冷め易し」、さらに、「旅の恥はかき捨て」などの言葉にも、同様な日本的集団意識のメカニズムがみてとれるであろう。

日本は、このような民族としての「反省」を、いつまでもしないでいていいのだろうか。いずれかにはそれを行うのが世界に対するエチケットではないだろうか？　旧軍部も今や存在しない。誰か良心的な人または組織がそれを行わねばならないと思われる。世界はせまくなりつつある。地球に対する礼儀でもあるのだ。

ウチとソトの交錯する世界――遊里

「ウチ」のはしゃぎの中へ、ソトの犠牲者を取り込んで楽しみを増幅したり、犠牲者にもウチのはしゃぎへの同調を求めたりする「甘え」集団のメカニズムは、右記の如き、戦争とか、子供の「イジメ」など集団意識が異常に肥大している無法地帯の私的な場だけでなく、かつての遊里のような、公的に制度化されたアソビ集団においても明瞭にみられる。それを日本特有の文化（？）的産物とされる、近世日本の遊里の姿にみてみよう。遊里は不幸な女達をまきこんで瓢客《ひょうかく》の悦楽の園を現出させたわけであるが、これは男達の悦楽とはしゃぎの宴の中へ、本来の自分の「ウチ」集団からどうしてもはみ出し落ちこぼれざるを得なかった、絶望的な喪失感で満たされた女達を拉致《らち》して閉じこめ（女達にとってはそこは「苦界」であった）、この宴に参加させ、宴の悦びを倍加させるための道具として使い、また使い捨てるという残酷さの上に成り立っている人工楽園であった。

女達は飾り立てられ、そうされることによってめまいにも似た「浮いた」気分を味わわされ（女達が別れを告げてきた貧しい「ウチ」と何たる大きな懸隔！）、はしゃぎ集団への同調を幾分容易にさせられる。また容貌よく気も利く女達ほど高い位を与えられるなど、新しいウチ集団の中への位置づけが巧妙に行われる。

ちなみに、日本人特有の美的感覚として周知の「イキ」は、遊里との関連が深いことは知られているが、ここで「日本的集団意識」の「ウチ」社会に取り込まれた「ソト者」という状況をテコとして「イキ」の起源を想像してみたい。これは「イキ」の起源を解明するというようなことではなく、「日本的集団意識」と、それが作り出す「ウチ」「ソト」という状況からは、こんなことも考えられるのではないかということを示すためである。つまり「日本的集団意識」が常時発現するほど、日本人の人間性に深く根を下ろしているからこそ、単なる社会的現象や一過性の流行にとどまることなく、美的な、また行動上の軌範になるような、いわゆる文化的産物をも、もたらし得ることを説明したいためである。文化や制度などの形成に働く客観的精神とは異なるとされる、心理学概念の集団意識（日本的なのとは異なるらしい一般他民族における）と、「日本的集団意識」は、その根の深さが格段にちがうと見ざるを得ないであろうことを言いたいのである。

「女郎のまこと」と言って、四角い卵、丸い豆腐などと並べて、あり得ないこと、嘘っぱちの代名詞のように言われていたが、たしかに女達は瓢客を効果的に（営業上）あしらうために、また自分の我儘をおし通すためにも嘘を大いに活用した。しかし嘘の裏には、女達の自己自身に対する「まこと」が隠されていることも多かったと思われる。女達は嘘や突っ張った気儘の中に「ソト者」としての抵抗を示したのではないだろうか。宴の雰囲気を損なわぬよう強制された言動の枠の中で、「ソト者」のアイデンティティー主張をそんな形で行ったのだと思われる。そして、この抵抗の姿勢が、意気地（イキ）のある、純粋（スイ）な、意気張り（ハリ）の精神として、甘えとはしゃぎの集団の気分の中へ「イキ」や「スイ」という緊張感のたねを播いたのではなかろうか。この「ソト者」のアイデンティティー表出には純粋な真実のもつ迫力（イキ・ハリ）があり、浮かれた男達の胸をも打った。それは新興階級たる町人の「心意気」にも共鳴するものがあって男達の気に入り、彼らもその精神的姿勢を真似るようになり、結局遊里の「集団雰囲気」は、単なる悦楽のはしゃぎや甘えではなく、それに水を浴びせる突っ張り、また甘えを抑制して人の気持ちや事情をよく理解する心やりなど、集団意識の単純な膨張を許さない要因が入り混じって、独特の緊張感をはらんだものに練り上げられていった。こうして「スイ」や「イキ」は、華やかさの中に緊張感を含んだ美的情趣として、遊里を一層なみなみならぬ雰囲気をもつ場所に仕立て上げ、男達を憧れさせた。そこの雰囲気に気圧されぬためには客の側にもそれなりの「格」が必要であった。

そうして遂に「イキ」は、遊里の門から出て、町人社会に広まり、結局官能的・感覚的な美しさ、華やかさ、快さと、それを乗り越える精神（自己抑制、気配り、あきらめ、無執着などなど）的緊張感が融合した日本特有の美的感覚として定着した。「垢抜ける」とは、持続的なこの緊張感によって磨かれることである（現代では、イキがっている男女はいるが、「磨き」の要因が、社会的にも個人の精神のうちにも希薄なので、「イキの美」はほとんど生まれない。その代わり「カッコヨサ」の美学があるが、これはイキとはその本質においてはなはだ異なるものである〈第五章で検討〉)。「ソト」の（女達のもとのウチの、そして世間一般の）悲惨と不幸に飽くまでも目をつぶるか目をそらしつつ、堅固な塀や堀の「ウチ」の中で、この世の極楽を存続せしめようとする、「日本的集団意識」の情緒的特性、そしてまた元来「ソト者」である女達も反発し絶望しながらも、さらに、ソト者同士の嫉視反目やイジメで一層地獄をひどくしながらも、あきらめ、ときに半ば本気で浮かれ、その意向に沿うような姿勢をとるという、日本の甘え的・はしゃぎ的ウチ集団の特異なメカニズムが、このような複雑な味のある美的感覚を生み出す原動力となったと思われる。

しかし女達の心は、しょせん「浮いた浮いた」の遊里気分の中で、薬味としての「イキ」などによっては十分慰められるものではなかった。女達の本当の悲しみが歌われねばならなかった。その悲しみは本来の「ウチ」を失った者の悲しみである。「甘え」や「はしゃぎ」にまで同化してこの新しいウチ集団に融合することは到底できないソト者の**「日本的集団意識」の、満たされぬ、やるせない憧れを含んだ悲しみの情緒**である。それは、数多くの心中ものの浄瑠璃に表現されている。女達の本来の「ウチ」への憧れは、**あだな男達に身をまかせても、真の愛情は一人の男に捧げているという思い（心中立てや、心中せんとする男女の来世は夫婦になるという確信の形で表現されている。**これは恋愛の完成という姿を指向しているように見えるが単にそれだけではない。女達の本来のウチへの憧れが、無残に抑圧された場から描き出す夢によって肉づけされているのである。この種の音楽は「日本的な集団意識」の挫折と高揚が、複雑に絡み合い浸透し合ったものなのである。そしてまた、これには三味線という楽器が打ってつけであった。三味線が存在しなかったら、これらの音楽も成り立ち得なかったであろう。

「日本的集団意識」の楽器、三味線

三味線は周知のように、室町時代に渡来した蛇皮線を母胎として生まれたものであるが、日本人は直ちに蛇皮線にはない「サワリ」という工夫をつけ加えることによって、三味線を日本人の心の楽器たらしめた。サワリは、最も太い弦つまり一の糸を、わざわざ棹《さお》の表面にかすれるように工夫して、弾いたとき楽音だけでなくビーンという「騒音」を生じるようにしたもので（どの弦を弾いても、駒と胴皮で振動が連結されるのでサワリ音が生じる）三味線は単に撥弦楽器であるだけでなく、このサワリの持続性の騒音と撥音《ばちおと》という瞬間的な騒音の両方によって打楽器の性質を兼ねそなえているわけである。旋律を奏でて情緒を表現しながら同時に打楽器的な騒音を発して官能をくすぐり、没理性的な集団意識をも目覚めさせ活気づけるのである（太鼓のような打楽器の、官能的・本能的・原始的感情を惹起する性質については昔からよく知られている）。

三味線を撥で弾くと、まず楽音、サワリの騒音（棹と胴皮の両方の共振で力強く出る）、胴皮を打つ撥音が同時に拡がる、が、次の瞬間、撥音が消えるとともにサワリの騒音を伴った楽音も速やかに減弱する（楽音の弦の振動は胴皮に吸収されるためか、ギターなどの撥弦楽器のようには持続性がない）。甘え的はしゃぎ的集団意識はそれにつれて、まず急激に膨張し、もっと膨張しようとしていると、急速にその支えを失って収縮する。だがつづいて次の撥弦で再び活気づけられ、ふくらもうとする。つづいて収縮……こうして「日本的集団意識」は強く刺激されながら、同時に欲求不満の状態におかれることによって、**ウチ集団内のソト者の「やるせない」情緒がぴったりと表現される。**また常に収縮させられるとの緊張感から、浮いた華やかさや、**また悲哀感などの情緒が（主に旋律からくる）常に抑制を内蔵**

し、イキな感覚がつきまとうことになる。

また浄瑠璃の、西洋の歌いぶりとは逆に咽喉をしめてする発声法も、むせび泣きのように抑圧された感情の表出と調和したもので、「新内節」なども同様で、これらが三味線の音と相俟って、切々としてはらわたを掻きむしるような情感を醸し出す。また浮かれていながらそれへの抵抗を秘めている「イキ」な美しさを表現する。後者は特に関東で強く現れてくるので、三味線も関西系浄瑠璃の重く沈んだ音色に比べ、関東の河東節その他の三味線の音色は、(駒や棹のちがいによって)軽く浮き浮きする気分をあらわすのに適している。また小唄などでは、三味線のいわゆる爪弾きによって、打楽器的な泥臭さの要素ともいうべきものが減り、より軽妙に洗練された「イキ」が表現される。

遊女達も、町方の女達も、これらの音楽に熱狂した。ソト者としての彼女達のアイデンティティーの挫折感も、抑圧された境界の諸気分も完璧に表現されたからである。あまりの流行フィーバーに幕府はおそれをなし、特に豊後節は心中を誘発する音楽として(実際に多発した)江戸では御法度になったという。

西欧的精神と日本の伝統的芸能に関する二、三の考察

さて明治以後、西欧の文物に触れ、その考え方・感じ方を身につけて、西欧の精神を自己のアイデンティティーとした(全面的にではなくても最も重要な部分として)いわゆる日本の知識人は、この伝統の三味線音楽に嫌悪を示すことがしばしばであった。しかしこの嫌悪は単なる不快感とか、何も感じないやかましさという気持ちではない。また三味線が連想させる花街への反発でも全部の説明にはならないようである。**「耳をおおって走りたくなるほどいや」（森鷗外『羽鳥千尋』）**と表現された例にあるように、自己の心中に何かこの三味線音楽に強く共鳴するものがあるので、それを排除したいという衝動が起こるらしい。三味線の音色によって、明らかに日本人の意識に深く浸透している「日本的集団意識」が共鳴して活気づくのである。するとこれは、西欧的な、集団意識とは縁のない客観的精神で形づくられた意識体系とは、あまりに異質なものが突然頭をもたげたことになるので、この意識体系への撹乱ないし脅威要因として感じられ、反射的にこれを排除しないではいられない、ということであろう。

しかし、この嫌悪はある日（特に年齢が進むうちに）愛好に変わることもある。かと言って西欧的教養が放棄されるわけでもなく、両者が共存を許される。あれほど異質に感じられていたものとの共存がある日、平気になる。ここには深い意味をもつ日本文化（精神）の特質があらわれているらしいのだが、それについては後にさらにくわしく考察したい。

なお、西欧的教養のある日本人にとって、能楽や雅楽はこのような反発の対象とはならず、むしろ特に能は大切な教養の一部とみなされることが多いが、これらの芸術には日本的集団意識のかかわりは、ほとんどないと思われることから理解できる。雅楽はむしろ大陸の音楽に近いもので、「日本的集団意識」にとっては遠いものであり、**能は武士階級に適合した芸術で、武士は「日本的集団意識」の発現・膨張を抑制する精神によって生きていたのだった。**音楽ではないが、茶道も西欧的教養と矛盾しないものと感じられている。これも武士によって庇護され愛好された社会的芸能であり、元来「日本的集団意識」を抑圧（無縁ではないが）した精神に立脚していた。西欧の人間自体にとっても、能や茶は興味の対象となるが、浄瑠璃はなりにくいのが普通である。

ちなみに、日本の民衆の中から生まれてきた芸能は、ほとんどが、日本的ウチ集団意識に深く浸透されている。たとえば**「なにわぶし」**は、「甘え」がなんらかの事情で危機にさらされたり、思いがけなく救済されたりしてホロリとさせる場面などを巧みに織り交ぜて語り、**江戸時代からの多くの門付芸、放浪芸の類い**は、ソト者またはソト者をよそおう者が、ウチ集団への憧れや迎合や、ときに軽蔑、さらに脅し（最後には金〈御祝儀〉を貰わねばならないから巧みに韜晦《とうかい》したりおどけた調子に紛らせて）などの気分を驚くべく多様なリズムに託して訴えかけ、**民謡は**ときにソト者の気分もまじるが、多くは甘え・はしゃぎを基調として、ウチ集団のさまざまな情緒を歌っている。

演歌

演歌もまた、このウチ集団意識に深くかかわる芸能である。演歌は「ウチ」から去って「ソト者」になってゆかざるを得ない者の、別れと悲しみ、「ウチ」への憧れ、ソトの辛さ、などなどを歌う。別れ、港、酒場、夜、雨、霧、涙など典型的演歌のキーワードがそれを示している。

もっとも、演歌は変質しつつあるように見える。一昔前までの日本に存在した「ソト」の辛さ、つまり人々の無視や敵意、寒さ、飢え、またそれらに脅かされているという予感などが、ほとんど見えなくなってしまい、その体験を知らず、その苦しみを想像できなくなっている世代が半ばに達してきているからである。「別れ」も、交通の至便さによって、今度はいつ会えるかわからないなどという切々たる情緒と縁遠くなった。要するに「ソト」へ行く者の切実感が失われてしまったのだ。演歌はしたがって、元来ソトの切実感が普通に広く存在した貧しさの時代によいものが生まれた。また戦後の復興期から高度経済成長の初期にかけて、豊かな「ウチ」と貧しい「ソト」の対比（主に都会と田舎）が顕著になった一時期にもよい曲が生まれている。さて日本全体が豊かになってソトへの切実感が減退すると、演歌が演歌たるためには、失恋、失敗、忍耐などの状況をソト気分の代用として用いてゆくことにならざるを得ない。これらの状況は男と女があり、ウチ集団があるかぎり存在する。ただそのような代用感情に頼る度合いが強くなると、本来のソト者感情に由来する集団意識表現が、その迫力を弱めてゆくから、徐々に演歌の本質が減弱してゆかざるを得ないであろう。そしてその途中では、情緒を無理に掻き立てようとして、誇張や悪趣味がつきまとってくることがあり得るだろう。

ちなみに、西欧の人々は一般に演歌を好まず、反発、嫌悪も表明されていた。この反発は最近弱くなっているように見えるし、愛好を示す人も若干あるらしい。単なる慣れ（日本人社会の集団性に慣れるに伴っての）なのか、演歌自体の変質によるのか、つまびらかでないが。また一般に東南アジアでは演歌が好まれている様子がみられる（その理由など別途考えてみたい）。

現代日本の「ウチ集団」連結体——日本株式会社

再び現在の日本の、官庁や企業の組織を眺めてみることとする。さきにも述べたように、組織の実質的な活動単位は「ウチ」集団をなしており、その本来の閉鎖的傾向から、相互の「ウチ」の関係は、軽度の「ソト」の性質を帯びている。同じ企業や官庁内においてもそうであることが多い。その度合いはそれぞれの母体の体質によって違いはあるが。

したがって、一つの「ウチ」と他の「ウチ」との意志疎通には、ある手続きが必要である。その一例を示すと、まず「ウチ」を代表する人間が出向いて他の「ウチ」へ行き、意思疎通を必要とする新しい案件に付随するいろいろな事情や自分の「ウチ」としての都合、それに伴う「ウチ」の集団雰囲気なども暗に伝え、一方この案件の実施に伴っておきる相手の「ウチ」の都合やら雰囲気にも理解を示し、こうして、両者の集団意識を共有するためのパイプとなって両方の「ウチ」を繋ぐのである。両方の「ウチ」の成員が、相手側の都合と集団の気分を自己の集団意識に新たに取り込んだとき、両者は一つの集団意識を共有することになり、意志疎通は完全なものになり、その後の現実的対応はスムーズに進行する。ここに至る手続きが**「根回し」**である。それは理論的な説得や単なる事情の理解ではなく、お互いの利益や不利益を共有しようという一体感の創出の過程であるから、飲食を共にするなどの、くつろいだ場も交えて行わねばならない（集団のソコの人になるときの描写も参照）。そしてこの集団意識の根回しパイプは、企業官庁の内部だけでなく、他企業・官庁へも広がり、互いに「ソト」であった無数の「ウチ」は、いくつかの「系列化」された巨大な「ウチ」を作ってゆく。技術革新と、いわゆる情報化社会の性質が、小集団間の距離を縮め、孤立を許さなくなり、根回し的連結の広がりを強制するためである。**こうして、はからずも日本の官民は一体となって、巨大なウチ集団「日本株式会社」**を現出する結果となった。

同調性と帰属意識を強みとする日本株式会社の経済的パワーについては論を俟たないが、**ここに留意すべきは、日本人の「個人」が一つの集団として「日本株式会社」をなすのではなく、日本人の無数の「小集団」が根回しという集団意識操作によって連結してそうなっている点である。**したがって、この巨大な一つの集団に一人の指導者が存在するわけではなく、無数の小集団の小指導者の集まりであるから、そこにゆるいピラミッド構造はみられるにしても、例外はあるが、一般的に言って上層部やトップ層の指導者も、無数の小指導者達と質的にほとんど変わりはなく、強力な指導者とか、指導原理が生まれる可能性はほとんどない。**当然ノブレス・オブリージュ（noblesse oblige）のような感覚も生じない。**小集団の、対ソト閉鎖的な、ミウチ意識的な、自己保存・自己拡張の原理が、連結体全体の原理となる。ここに日本株式会社の、パワーのみあって理念や戦略のないという性質が生じる。その結果、周知の如く国内では、企業間の互いの住み分けなど質的に異なる方針などは出にくく、同質な量的拡大の原理のみが働くため、シェア争いや、シェア争いの円満解決手段としての**談合的なこと（これも根回しの一種）**の遍在を招来する。また世界中に散らばった日本の企業戦士も、日本株式会社的ウチ集団への帰属意識は強固で、国家主義時代の標語「滅私奉公」に近い原理で行動すべく深く動機づけられているので、経済戦士の決死隊、能率主義の鬼となりやすい。これらの事が、日本の政治的指導層の、派閥ウチ集団連結体としての無理念性とも相俟って、海外への経済摩擦的な圧力にとどまらず、日本の世界への対応の理念の欠如、日本と日本人のわかりにくさなどの印象を与えることとなる。**ちなみに政党内の派閥は、便宜的に形成された「ウチ」小集団で、これが日本の政治の「単位」である。個人の見識・個性・政治理念・政治力を政治の単位としてヒエラルヒーを築くことができない日本では、派閥が単位となり、ヒエラルヒーは派閥の大小によることになる。**

しかし、集団意識はその本質上、理論的な構えや信念とは異なり、条件によっては速やかに膨張したり収縮したりするものであるから、右に述べた日本人の組織集団のパワーも、指導者層の管理や根回しが拙劣であったり、調整困難な利害上の対立が集団内・集団相互間に発生したときには、集団連帯感はたちまち収縮し、各個人が互いに「ソト」の性質を、大なり小なり帯びるようになって「シラケ」（シラケは甘え・はしゃぎ的に膨張した集団意識が収縮して消失しそうになる時の情緒をあらわす）「ウチワモメ」「無責任」などの出現で、組織はあっても真のウチ集団機能が解体してしまうとか、互いのウチ集団の「ソト化」として、意志疎通の低下が起こって全体の活力の維持が困難になる。日本株式会社のウチ集団連帯感も、ソトつまり国外からの圧力が一定以上に強まれば、大指導者や高次の指導理念の不在のもとで、集団間の利害の調整がむつかしくなり、右のような集団分解的状況をもたらすことが考えられる。

なお今のところ、日本株式会社の中へ連結的に取り込まれた小集団の中にいる「個人」は、顔がはっきりみえない存在になっているのであるが（昔の遊里の遊女達の方が確固たるアイデンティティーと人間としての輪郭をもっていたと感じられる）、右のような日本株式会社の変質とともに、もっと姿をはっきりさせてくれるかも知れない。**今後日本株式会社の中で、よく見えてきそうな「個人」は、根のある消費者意識をもった人々、海外生活経験者、また日本で働く外国人（企業の幹部要員として働く人も）などであろうか。**これらの人々が日本株式会社の中の「ソト者」になってゆくのか、日本株式会社の変化によって、「ソト者」にならずに「個人」としての確立が可能となるのか、今のところ何とも言えないようである。

日本人の同調的行動

特定の集団を離れている個人としての日本人が、何かのきっかけによって、皆が同じような行動をとるという、いわゆる同調的傾向はよく知られているので、例示するまでもないと思われる。日本では何でもが、何々ブームになってしまうのである。**昭和天皇の重病から崩御、葬儀の時期へかけて起きた日本全体のいわゆる「自粛」現象。これも同調現象の著しい例である。**「日本的集団意識」からの、集団の仲間でありたい、変わった行動によって仲間ではないと思われたくない、という我々感情のなせるわざである。

また街頭録音と称して、マスコミの人が、通行人の意志をきくなどの時、きまって「何々じゃないでしょうか」「時の流れですから」などの表現が出てくる。他の人々も、時の流れもそうなっているにちがいないから、私もそれに同調します、という姿勢である。

また一般に、日本人の会話では、何か質問を受けた場合、「そうですねえ」などの導入の語があって、その後本筋の回答なり意見表明なりに行く。「そうですねえ」の「そう」は曖昧《あいまい》で、何かをはっきり指すわけでもなく、とにかく何であれ、「私はだいたい同じように思っています」という表現によって、自己の同調的本質をあらかじめ表現して、相手との間に一種の一体感を生じさせる。「日本的集団意識」が働いているわけである。

潜在的集団での「日本的集団意識」

日本人の、親しい者同士の旅行集団は、駅頭では「列車は○○ホームからだ」「後ろの方が空いているよ」「危ないから白線の後ろへさがっていろ」などの言葉をかけ合って、まとまった気分と行動を示す。列車に乗車してからも「次は○○駅だ」「さあ降りるよ」等々。

ところで、駅や乗り物に出没する日本人全体が親しい者同士の集団であるかのように、そして上記の情報交換を行っているかのように、駅や乗り物を演出したくなるのが「日本的集団意識」であると思われる。やかましいまでの濃密な、駅員や車掌による情報の告知である。「日本的集団意識」は、このように潜在的な集団をも想定して、発現するのである。また公衆の側もこれをうるさいとは感じない。**集団意識の発現時は一般に喧騒には鈍感になる傾向があるが、日本人の騒音への鈍感さには「日本的集団意識」がかかわっていることは明らかかと思われる。**特に右の場合のように、既に集団への呼びかけの形になっている時はなおさらである。街頭でのマイクによる大きな音量の広告宣伝も平気で行われる。集団意識への親和性の小さな人々（主に外国人）にはこれは、はなはだ苦痛に感じられるらしい。

結局、日本人は独りで居るときも、常に潜在的な集団の中に、集団を想定した意識の中に居るのだと言ってもよいであろう。日本社会の、工業化諸国に比して凶悪犯罪の少ない理由の一つは、この「日本的集団意識」のつくり出す潜在的集団の遍在にあると見てよいであろう。

外国人による「日本的集団意識」の「気づき」

小説『モモ』によって、日本でも有名なドイツの流行作家ミヒャエル・エンデ氏が一九八九年に来日した際、日本の知性派作家の第一人者と同氏の対談をテレビで拝見したが、その中でエンデ氏は、日本人の「集団性」的な印象に強く打たれたらしく、その作家に「アレハ一体ナンナノデスカ」というような訊き方で、一、二回質問していた（同じ頃の、『朝日ジャーナル』にも、エンデ氏が日本の工場などで見る集団的印象について言及している記事を見かけたのである）。**日本側の、その作家の、これにつ**

いての説明はほとんど無きに等しかった。ここには、この種のことに関する日本の知識人の反応の典型がみられるように思う。「日本的集団意識」は、西欧近代の客観的精神によって抑制されるものであり、西欧的な思考体系がしっかり身についた、近代化後の（特に民主主義体制に日本がなってからの）知識人では、集団意識にあまりかかわりなく暮らしている人が多く、特に学者や芸術家など知的エリートでは、その交友範囲に外国人も多く、一体感の強い日本人の集団・組織に取り込まれているわけでもなく、ほぼ西欧人に近い意識で生きているのである。だから、日本の集団性についても、平生これを肌で感ずることは少なく、これの絡んだ、政治・経済レベルでの日本的現象（集団主義・閉鎖性など）が世界で問題にされても、これを直接自己の精神上の、重要な問題として感ずることは少ないと思われる。つまりこれを、人間性に関する「自己の血肉のかかわった」問題として（つまり文学的関心、ソルゲとして）、感ずることがあまりないのであろう。日本の集団性の本質について、日本の最高の知的エリート達が真剣に議論することのないのはそのためであると思われる。外国人による日本人論も、日本文化論も、日本の集団性を既成の国民性または文化概念として、そこから議論が出発してしまうようである（日本人による日本文化論にも同じ傾向がある）。要するに、政治・経済レベルの「問題」として、また文化論的な、学問的な「興味」として、「扱われて」しまうのである。医者によって患者のいろいろな病気が「扱われる」ようにである（勿論良心的に、誠実にではあるが）。**自己自身の病気として「格闘」されるのではないのである。**

しかし、エンデ氏は企業人でも政治家でも外交官でもなく、日本の集団性によって迷惑や圧迫を受ける立場でもない一個の人間として、文学者としての鋭い感覚で日本を見て日本の集団性に気づき、何か本質のわかりにくい人間性の問題として直感したのだと思われる。

私は、今後日本語も学んで、日本を深く研究する外国人が増えるにしたがって、エンデ氏の気づいたものが、外国人によって研究され、解明されることになるのではないかと予感している。**西欧の知性・理性は、この種の、人間性に関する「問題」を、曖昧なまま放置することはない性質をもっている。どこまでも徹底的に追求解明するのが、ギリシア・キリスト教的ロゴスの芯をもつ彼らの精神である。日本の本質的な、人間性にかかわることがらの解明（科学的であれ、文化論的であれ、また文学的であれ）について、日本がおくれをとって恥をかくことになりたくないものである。**

第二章　「日本的集団意識」の起源と本質

他の多くの民族では、主に異常な、または緊迫した状況でのみ発現し、またそうでないときに発現させるには、それなりの掻き立てが必要であるような集団意識が、第一章で見てきたように、日本では、なぜ異常な状況もなく、外からの動機づけもなくても、自然に日本人の身内から湧き出して日常的に持続的に作用し、日本社会や日本の集まりに独特の様相を帯びさせるのか。この「日本的集団意識」の起源を考え、その発生の母胎となったと思われる歴史的な事情や、またこれの本質に迫ってみたいというのがこの第二章の課題である。第一章では主に観察であったものの、もっと深いところからの理論づけが必要だと思うからである。

一、言霊信仰から「汎アニミズム的体質」へ

日本の言霊信仰の特徴

まず太古の日本人が、自分達が生きていることや、周囲の事物、自然界の万象を、どのように受け取っていたかを、言葉の上から推測してみたい。

大昔の日本人は、人や自然界の動植物、すべてのものにいのちを与えるものとして「たま」「たまし

い」の存在を信じていた。そして命は語源的には「い（息）」、「ち（霊）」で、「ち」は「たま」と同じとのことである。また「たま」「たましい」は、宿っているものからも人からも遊離しやすく、遊離してもその本性は変ずることなく存在しつづけると信じられていた。すなわち世界は「たま」に満たされており、人も世界の万象も「たま」が宿ることによって、いのちを持ち、または存在していると思われていたわけである。

すでにここに、特定の対象（威力があると感じられる樹木や石や特定の生きものなど）にのみ霊的な力を認めるアニミズムと、日本のアニミズムの違いが感じられないであろうか。日本のアニミズムでも、特定の対象により強い霊力を感じるとしても、霊力の宿りはそれだけに限定されるのではなく、人も万物も同じ霊的な力で結ばれていると感じていたと思われるのである。また、「たま」は気息や風などを霊的なものと見なしていた多くの民族におけるのとは様子がちがい、宝石などの玉と同源だといわれるように、霊的な力とは言うものの、日本人はこれを形のないものや抽象的なもののようにではなく、玉のような「形」のあるもの、または「形」になるものと感じていたのであろう。だからこそ、この霊的な力をもつ「たま」は、容易に「事」になる傾向をもっていたと思われるのである。そこで人が言葉を出すと、人の中の「たま」が言葉に乗りうつって言葉の「たま」となり、その呼ばれた事物に到達して、そのものの「たま」となる。また、言葉とともに外に出た「たま」が、事物そのものとして出現する、というういわゆる言霊信仰は、右記の、日本人の、人と世界とに関する生得的な感じ方から生まれたと思われる（言と事は語源的にも同じであるという）。言霊信仰は原始宗教に広くみられる由であるが、日本は「言霊のさきわう国」といわれ、言霊の力とひろがりが、格段に著しいと考えられる。

人が言葉で唱えたことが、事として成就する。また言葉の「たま」が唱えられた事物の「たま」に作用する。すると名付け得、呼び得るものすべては、結局言葉を出した自分と同じ「たま」を共有する自分の仲間であると感じられる。すなわち、**万象が個々の事物そのままで、いの「ち」ある仲間であると感じられる**。

このような基本的な精神的姿勢があったため、たとえば大乗仏教の、一切衆生済度のような思想も、日本では**「草木国土悉皆成佛」**のように、人間以外のものもみな済度の対象になってくるのであろう。万物一体の思想はインドや中国にもあったかも知れない。しかし日本のそれは思想ではなく、無意識的・素朴的な、民族の精神的姿勢であり、そこには抽象化の過程はなく言即事として、個々の事物はそれぞれ個としての意義をもち、そのまま捨象されずに一つの仲間、集団、自己を含めて一つの全体をなすものと感じているところに特徴があると思われる。

太古の日本人は、このような独特な性質をもった、いわば汎アニミズム信仰に包まれていたと考えてよいであろう。すべてを仲間と感ずるこの精神的姿勢が、人々との関係においては、集団意識的な一体感を生じさせたことは考えられる。ただ、その汎アニミズム信仰から、直ちに第一章の第二節で観察したような、今日的なものも含めての、ウチ集団情緒を伴う「日本的集団意識」が生じたと考えるのは早計であるように思われる。多くの民族において、古代のアニミズム信仰や言霊信仰は、外来の大宗教に触れたり、また時代とともに開化するに従って、他のものに吸収されたり、消えてしまったりしたのであり、日本の汎アニミズム信仰も、消失はしなかったものの、日本人の心を全面的に呪縛しているような状態は、一定期間の後、時代が下るにつれ徐々に衰退もしくは崩壊していったと考えられる。だから、汎アニミズム信仰に包まれていた人々のあつまりにおいて、一体感の仲間感情が芽生えていたとしても、信仰の力の減衰とともに、その感情も衰えてしまったかも知れない。**現代に至るまで存続している「日本的集団意識」のような根強いものが生ずるには、汎アニミズム的な、すべてを仲間と見る構えが、信仰のような精神的なものであるより（それも共存してもよいが）、「もっと生理的と言ってもよいような」意識の基層に深く根を下ろしたものでなければならないと思われるのである。**

もう一度、日本の言霊信仰の性質をよく調べてみよう。

「モノ」

言霊信仰で、事は「たま」を持っていた。「たま」は、良い働きを代表する「カミ」と、悪い、恐ろしい働きを示す「オニ」「モノ」の両面をもち、「カミ」はまつられ、あがめられ、「オニ」は暗闇に、「モノ」は事の後に隠れていた……そしてアニミズム的信仰ないし観念が消えていったとき、「オニ」は消えるか、または山賊などにすりかわり、「モノ」は事を支え、事と密着し、事そのものにもなった。現在では、「モノ」は事の背後にある一般的なものをも意味するし、事と全く同じ意味でも用いられている。しかしいずれにしても、「モノ」は「たま」の分身として、日本人の「いのち」（ちもたまと同じとされる）と、血のつながった兄弟のように、近しい存在でありつづけたのである。

しかし、アニミズム信仰の力が強かった間は、「モノ」は身近であるが同時に恐ろしい（いのちを左右する）力をもっていて、そのため「モノ」は近しくはあるが、それとの仲間感情は、畏敬や宗教的敬虔を伴っており、この状況からなされる「人との関係」における我々感情にも、一定の範囲内に抑制するような、肥大を許さない力が働いていたと考えられる。

後、アニミズム信仰に包まれた古代的心情が消えていったとき、「モノ」の、いのちの近くにあって、いのちを脅かす恐ろしい面や不気味な面は、徐々に、中世ごろまでには忘れられてゆき（「もののし」などの言葉にその尻っぽが残っているようにみえる）、「モノ」は日本人のいのちに近しく親しい存在として、日本人の、自分達のいのちとの一体感を強めていったと思われる。そして人々との関係における仲間・我々感情もその一体感を強め、徐々に今日的な意味の「日本的集団意識」に近いものになっていったのであろう。人々との関係の方は後に考察するとして、**モノやコトに関するこのような、いのちの在り方（意識の基層的部分の構造）を、「汎アニミズム的体質」と呼んで差し支えないように思われる。**

そこで次に、この「汎アニミズム的体質」が、どのように現れ、どのように後代まで日本人についてまわっているかを検討してみる。

モノを仲間として遇する「汎アニミズム的体質」

古代に用いられていた目上の人々への尊称の「おん」「お」や「ご」（大《おお》、大御《おおみ》などから生じたとされる）などが、中世ごろから丁寧語として事物にも用いられるようになったという現象がある。目上の人に属するものへ「お」をつけるのは当然として、そうでないものにもつけるのは、全般的な謙遜の姿勢を示すことの拡大とも見えるが、ここにはモノに対する日本人の姿勢があらわれてはいないだろうか。モノをいのちに近しい仲間とみる汎アニミズム的体質がここにも働いているとはみられないだろうか。

モノは単にある機能をもつとか、有用であるとかだけではなく、モノとしてあること自体に「万物」の中の一個として、「ある品位、価値」をもっているのではなかろうか。どんな小さなものも機能だけでみられるのではなく、また機能をもたないほどのつまらぬものも仲間とみなされ、存在していることにある意義を、価値を日本人は感じている。だから謙遜の姿勢を表現する「お」や「ご」が「もの」にも用いられて、気持ちに不自然さを感ぜず、むしろしっくりする。ここにも古代の言霊信仰的な、万物一体的な精神が変化せず存在しているのが感じられる。

そして、この語法は現代にまで至っているのである。言霊信仰のことなど意識しない現代日本人が、「お茶碗」「ご飯」などと平気で言っているとき、そこにはどんな「もの」にも無意識的にではあっても、仲間として、その存在に、機能以上の意義を感じ、ものすべてが一つの我々意識を共有する、集団をなすと感じている、おそらく太古以来の日本人の精神的姿勢が、日本人のいのちに深く根を下ろしてそのまま続いているのだと感じられるのである。そこで、**「太古のアニミズム信仰は消えた、しかしアニミズム的体質が残った」**と言ってよさそうである。さらに、同じような意味をもつと思われることを、二、三みてみよう。

まず、**日本人が「モノを大切にしよう」と言うとき、単に功利的な気持ちだけではないものが伴っているのを、**心ある日本人は感ずるであろう。そこに一種の萌芽的な情緒があることを。

また、日本人がモノを丁寧に包むとき、そこにはモノをむき出しにしたくない、モノは有用性や機能だけでなく、「モノとして存在すること自体に意義」を認めるのだという気持ちが働いているように思われる。**買い物などの折、日本では、小さな安価なものでも、それなりに包んでから、袋に入れて渡さ**

れることが多い。包むことによって、裸体に衣服を着せるように、「ある品位をモノが獲得する」。これも、仲間としてモノを遇する「汎アニミズム的体質」のさせることと感じられる。

モノへの異常な接近

「汎アニミズム的体質」からする、モノを仲間として扱う姿勢は以上のようであるが、次にこの体質のもう一つの現れであると思われる、モノへの近さ、客体への主体の非常な接近という姿を検討してみよう。

日本語には、擬態語、擬声語がはなはだ豊富である。特にモノに最も近づいた感覚である触覚にかかわる、サラサラ、サラリ、ジメジメ、ジトジト、シットリ、ヌルヌル、カサカサなどの表現の多いことは、すでにモノへの近さをもつ「汎アニミズム的体質」を感じさせるのであるが、ペタペタのように、触覚的でもあり、同時に聴覚的ニュアンスを持っている語、プリンプリンのように、触覚的でも視覚的でもある語、サラサラ、ジメジメのように、触覚的な表現から、精神的な気分的な転用も可能であるような語、ヌメヌメのように触覚的・視覚的・気分的でもある語、クネクネのように視覚的でもあり、運動体感的でもある語、ムカムカ、ジーンのように体感的でも感情的でもある語、さらにズィーンのように、聴覚的でもあり内臓感覚的でもある語などの例をみていると、客体に対する主体のかかわり方が、点によるのではなく、面によるとでもいうような、べったりとした全面的な印象があり、異常な接近感に達しているというべきであろう。

未開民族においても、擬声語の多い傾向がみられるらしいが、その対象となるのは、生活にとって特別重要な意味をもつ、狭い範囲に限られているようである。ところが日本語における擬声語・擬態語はそのような制限はなく、視・聴・嗅・味・触覚、体感などあらゆる感覚分野で、広くものごとの「ありよう」を表現できるのである。また感覚器官による狭い外界認知に限らず、人々との関係、そこの雰囲気、また暮らしぶりの印象など、状況の把握の表現にも、ギスギス、ネチネチ、マアマア、ボチボチ、チョクチョク、ソコソコなどの擬態語が可能で、日本人の、モノ達への関係と、ヒトビトへの関係が同じ意識レベルを持っていることが分かる。ともに概念的な言語ではとらえられないものをとらえることができるのである。

さらに、同種の「ありよう」の中での微妙な差をあらわしたり、一定の状況や行為や感覚の範囲の中で、「ありよう」が微妙に変化してゆくさまを表現するために、擬態表現を無限にと言ってもよいほど、どんどん変化させてゆくこともできるのである。ものを打ったりものが互いに打ち当たったりする擬声語でも、バシッ、パシッ、ピシッ、ビシッ、ピシリ、ビシリ、ピシピシ、ピシリピシリ、カンカン、ガンガン、コンコン、ドンドン、トントン……打ちあたるものの材質感や打つ力の大小、打つときの姿勢や気持ちまで漂わすことができ、普通、辞典には収載されないような音の組み合わせも（右には書かなかったが）この「変化させてゆく」ことの中で、立派な擬態語として、微妙なニュアンスをもつ、「その場」の「語」であることができる。

このように、日本の擬声語、擬態語では、未開民族におけるような、主客の未分化的状態に近いところで成立しているのではなく、主客の接近ははなはだしいが、同時に主体側は、鋭い感覚と精神で客体に対しており、ものごとのあり方、ものごとへのあり方の微妙な差を、やすやすと正確に表現するのである。ものごとを身近な、仲間的なものとして感じている日本人の「汎アニミズム的体質」の、日本人の「いのち」への深い喰い込みが、以上の観察から理解されると思われる。

俳句と汎アニミズム的体質

俳句も、この汎アニミズム的体質と密接に関係している。つまり主体と客体との異常な接近、客体を仲間と感じている主体側の姿勢によって、多くの「事象」が、あらかじめすでにある情緒への傾斜を伴って日本人の意識にあらわれ易いということ（例えば秋の虫の音《ね》なども、日本人には季節の移り変わりの予感、無常感などの情緒をおこさせるが、多くの外国人には単なる雑音としか感じられない）が俳句を支えている。俳句の「季語」は、そのような「事象」のリストである。俳句は芭蕉や蕪村のように、高度のポエジーに達することもあるが、別にそこまでゆかなくても、季語を用いることによって、汎アニミズム的体質をもつ日本人は、俳句という心象世界を大いに楽しむことができる。ここは、主体と客体とが異常に接近して、あるルールのもとにたわむれ合う世界なのである。なお、住宅の構造や生活様式の変化によって、将来、季語の実感がぼやけたり失われたりしても、汎アニミズム的体質がある限り、季語なしでも俳句的世界は存続可能であろう。

汎アニミズム的体質の科学的証拠

さて、角田博士の研究によって（『日本人の脳――脳の働きと東西の文化』大修館書店、一九七八年）、西欧系、東洋系を含む多くの民族のうちで、日本人だけが、虫の声や動物の鳴き声など自然界の音を言語脳で受け入れて処理していることが実験的に解明されている。そして西欧系の人々その他では劣位半球がパトス的脳とみられるのに、日本人では言語半球にそれが共存しているという。この事実から、日本人では、言語的・ロゴス的にとらえられるもの（言＝事）と、パトス的にとらえられるものが（他民族よりは）接近した関係にあることが想像され、ここに考察している日本人の「汎アニミズム的体質」と同質のことを示唆していると思われる。**汎アニミズム的体質や日本的集団意識は、自然科学の手法で実証される**可能性があると感じられるのである。そしてまた、同氏の研究によると、日本人の脳の働きのこれらの特殊性が、日本語の音韻構造に結びついているということであるので、「汎アニミズム的体質（またその対人関係のあらわれとしての『集団意識親和性』）」が、**日本語の形成と同時期に**、日本民族に定着していったと考えられそうである。

汎アニミズム的体質が生み出す、その他二、三の現象

汎アニミズム的体質の存在については、以上で大体確認されたこととし、さらに二、三の現象を、この本質が生み出すものとして眺めてみたい。

一般に、日本人がなにごとか為すとき、非常に細部にこだわる、いわゆるキメ細かさを発揮するのがみられる。古来、内外から高く評価されてきた、日本の工芸品のキメ細かな細工・技術で支えられた、こまやかな美しさ、優雅さ。これはモノへの非常な集中力を可能にする、モノへの近さ、モノへの無意識的な愛着が前提となっていると思われる。

また近・現代の日本の工業製品、それらはカメラや自動車にはじまって、あらゆる分野にわたり、日本の工業立国を栄光あるものにしたわけであるが、特に先端技術的な、半導体素子のような極微の、そして**極度に困難な条件の中でのみ可能になる「ものづくり」における日本人のダントツの強み。ここにも汎アニミズム的体質が強く働いていると思わざるを得ないのである。ただここでは、近世の細工物や工芸品の場合とちがい、多数の人が協力的に関与する「集団」の要因が絡んでいるから、「日本的集団意識」からくる強味も勿論プラスに働いているにちがいないが。さらにまた、目的そのものもさりながら、目的へ向かって一生懸命に励むこと自体に、人生の高次の価値を認めた、日本の実践的思想「道」(第三章後述)の残響**もここにはあるのかも知れない(現代の、特に若者にまでそれが及んでいるかどうかはよくわからないが)。

汎アニミズム的体質の肥大的発現と、それへの反発

日本的汎アニミズム的体質が、右に述べたような、製品の高度の性能という目標や、すぐれた趣味感覚など、要するに主体側の高次の統合能力(精神?)の弱体化もしくは空白化・消失などによって、勝手に細部にこだわり、ものにべったり貼りついて、自らが自らを刺激しつつ、肥大して歩き出すと、どういうことが生じてくるか、現代の大衆娯楽、マスコミ、テレビなどのある面、漫画のある種のものに、そのような肥大があらわれていると感じられる。それらの中には、何か美とか理想とか精神とか、とにかく昔から人間を上方へひっぱりあげてきた力からの、無限の遠ざかりとしての、「果ての風景」のように感じられるものもある。頽廃だの悪趣味だのの生易しさではなく、ゾッとするような、明らかに生理的正常性に反する、病的なところまで行ってしまったものまである。ポルノグラフィーの類いのもの

を言っているのではない。そんなものはただの露出であって、かつてモーパッサンが性行為を「きたならしくて滑稽な」と形容し、本居宣長が「めめしき」と形容したと同じく、見方によってどうにでもなる「正常な」ことであるにすぎない。

だがそれらについては、第五章で考察するとして、**この汎アニミズム的体質の肥大については、すでに中世に指摘されているようなのである。**『徒然草』百三十七段で、**兼好は、いなか者は、花を観賞するにも、ただ眺めるのではなく、わざわざすぐ近くまで大仰な身振りよろしく近づいて、じっと見つめたり、枝を折り取ったりするし、泉とみれば手や足を突っ込んでみる、雪が積もったとみると足跡をつけてみるなど、何事についても「よそながら見る」ことがないとして、これをものへのしつこさとして嫌悪の気持ちを示し、「よき人」は、一生懸命熱中したりはせず、何事を楽しむのもあっさりとやるのだと述べている。**また同じ段で、この類いの人々の、祭りを見物する有様を描写し、その少しもじっとしていず、休む間もない楽しみ方、物事に密着した勤勉さを、「ただ物をのみ見んとするなるべし」として、暗に彼らの心の空しさを指摘している。

なお兼好は、第五十四段で「**あまりに興あらむとするは、必ずあいなきものなり**」とか、「**大方振舞いて興あるよりは、興なくて安らかなるがまさりたることなり」（二百三十一段）などと述べているが、こちらは「日本的集団意識」の肥大や仰々しいこと**への反発のようである（右の祭り見物の人々の描写にも、この気持ちは含まれているかも知れない）。

このように、汎アニミズム的体質や、「日本的集団意識」の肥大への反発・嫌悪は、日本人の精神の著しい特徴として現れてくるのであるが、それを以下、第二節と第三節で考察する。

二、「汎アニミズム信仰」の中での「素朴的和合」――楽園

汎アニミズム的言霊信仰に包まれていた太古の日本人が、人々との関係、人々の集団を作っていったとき、そこにおける情緒（我々感情）は、さきにみたようにモノへの畏れがあり、宗教的敬虔に満たされていたから、極めて素朴な、おだやかで清らかなむつみの気分であったと想像される。この気分は一体感ではあったが、甘えや、前にみてきたような肥大傾向などは勿論知らず、いわば騒がしさの全くない、静かにおだやかな、なごみそのものの「素朴的和合集団」であったろう。それは第一章で規定した「日本的集団意識」にまでは及ばない、いわば**「前日本的集団意識」または、「日本的集団意識」の「原初的状態」というべきものであろう。**

この状態が現実のものとして、縄文時代にかあるいはそれ以前からか、日本人の森林生活の中で長期間つづいたのではないかと思われるが、確実なことは不明で、あるいは短期間ではあったが、そのむつみの気分の安らかさ・きよらかさの強い印象と記憶のために、長期間であったように感じられているのか、あるいは現実にはそのもの自体は存在しなかったが、現実のすぐそばの、手のとどきそうな近くにある理想的な状態として憧憬の念で感じられていたのか、……**とにかくこの「素朴的和合」の状態は、他の多くの民族におけると同様、「楽園」的な状態として、後の日本人の精神の中に生きつづけたと思われる。そしてこの状態の中に包まれていた日本人は、この状態を何と名付けるべきかに思い及ばなかったであろう。この状態を客体化してながめるのは、それが失われてから**のことであった。

清明心

はっきり意識的にそれを表現したのは、おそらく江戸期の国学者で、**本居宣長は、日本人の心の理想的な姿を、神代の「清明心」**だとしている。和辻哲郎博士によると、この清明心は、「共同体の内部において、おのれを全体に帰属せしめ、なんらの後ろめたい気持ちにも煩わされぬ明朗な心境」、つまり**「和順」**の心境であるとのことである。

このように、日本人の「楽園」は、はじめから、人々の集団であることが特徴的である。周知のように、**旧約聖書の世界では、楽園は一人の人間の独り居る状態であり、二人（女性の出現）になることによって間もなく楽園は成立し得なくなるのである。**この、日本とのちがいにどれだけの意味をもたせうるかはわからないが、とにかく大きな違いが感じられる。

ともあれ、元来超越的な観念をもたなかった太古の日本人は（たましいなどの観念も、超越的というところまでには程遠い素朴的なものであった）自らの「楽園」を、思想・理想として絶対化することはしなかったし、この状態を具体的記述や譬喩的物語として残すこともしなかったと思われる。僅かに、**きよし、あかし、あきらけし、さやけしなどの形容詞としてだけ、それが呼びかけられ、後代になって清明心などの形でどうやら思想的に、規定された**というわけであろう。

三、「日本的集団意識」への発展、さらにその今日的状態としての定着

楽園的状態の崩壊から「日本的集団意識」まで

時代が下るに従って、前記の楽園的な状態から、徐々に次のような変化が起こったと想像される。あるいは、異なった生活様式の人々との突然の接触によって、楽園的状態がいきなり失われたことも考えられるが、一応徐々たる変化の場合を考えてみる。

①集団内の個人または小グループの欲望の突出による混乱発生。
②混乱収拾後の集団雰囲気は、もとの「素朴的和合」に復帰する。
③右の過程が繰り返されるうちに、「素朴的和合」への復帰が困難になり、集団の一体感を維持するため、集団意識のレベルが高まって、今日的な、「日本的集団意識」へと徐々に近づいてゆき、「甘え」的集団の様相も見えてくる。
④他集団（生活様式のちがう人々のも含め）との緊張関係や争いがまじってくるようになると、各集団の一体感は一層強化され、集団意識は活発となり、平和時の「甘え」から、闘争時の「攻撃的団結」、勝利の「はしゃぎ」などを経験することになる。
⑤貧富の差の出現、集団間の序列づけ、社会的ヒエラルヒーが起こる過程では、戦闘、陰謀、暗闘、謀反、またそれらへの鎮圧、断罪、追放などが繰り返されたであろう。

右のような心的状況が、縄文時代から弥生時代、歴史時代のはじめにかけて、社会的・政治的状況の変化（結局大和朝廷による国家形成）とともに無数に経験されたであろう（この順番通りではなく、逆もどりも含めて）。そして結局、「素朴的和合」という半ば無意識的な楽園的集団意識状態が破られ、一体感も、集団意識のレベルの上がったものになり、また融和しない者の汎集団意識が「くらく」「きたなき」心とされ、その行動が「つみ」「とが」「けがれ」などとされていったのであろう。そして右の③以後の状況からのちでは、「素朴的和合集団」は遠い昔のことと感じられ、現状の集団雰囲気の不安定感や、つみ・けがれへのおそれなどから、素朴的和合への強い憧れが生まれてきたと思われる。

この長い過程のうちで、アニミズム信仰は衰退してゆき、カミを祀り、祖先を崇拝する（古墳文化）など、日本人の精神的な変化も起こるわけであるが、その間に「汎アニミズム的体質」の方は逆に固まってゆき、「日本的集団意識」の形もできてきたのだと思われる。

「汎アニミズム的体質」＝「集団意識親和性」→「日本的集団意識」

「汎アニミズム的体質」は、「集団意識親和性」と表裏一体であり、**前者がモノとのかかわりにおいて、後者はヒトとのかかわりにおいて、**あるものである。この「集団意識親和性」によって、日本人は常時の集団意識表出への衝動を持つことになり、「日本的集団意識」が出現するわけである。「汎アニミズム的体質」も、「日本的集団意識」も日本人から離れることは考えられず、日本人が日本語とともにある限り、この両者も存続するであろうと思われる。この両者は第三章で考察する**「こころ」よりも、もっと強く日本人に結びつき深く根を下ろしている。**

さて、「楽園」の時代からはるかへだたったある時、**「すさのをのみこと」**が天上の神々の国への「きたなき（邪）」むほんの心を疑われたとき、自分の「あかき（明き）」「清き」心を訴えて弁明したと伝えられるところからも、清明心は集団への和順の気持ちを表明し、楽園的なむつみを志向するものだったのであろう。そしてその逆の、和らがない、きたない、すさぶ、あさましい心が「つみ」「とが」「けがれ」を起こす心であったわけであるが、「すさのを時代」の日本社会のウチ集団は、すでにそのつみ・けがれにしばしば冒されて、混乱を経験していたと想像される。「すさのを」は、支配者であり姉である「天照大神」の命にもしたがわず、青年期に至るまで、とめどなく泣きわめいて暮らした、とてつもない「甘え」人間であり、またこの弁明の件のあとにも、ちょっと甘い顔をみせられると、たちまち天上で乱暴狼藉を働き、糞をまきちらすなど**甚だしく我儘な幼児性を発揮**している。このような極端に甘やかされた人物像がみられるところにも、まだ完全に固まらない、不安定なウチ集団の時代があったことと、その雰囲気が察せられる。

「楽園」と『万葉集』の美感

さて、万葉時代の重要な美的感覚である「清し」「さやけし」「あきらけし（明）」は、右の「清明心」の系統に繫がるものであることは、大方の学者の認めるところであるらしい。そしてこの感覚の主な対象は、月光、白い浜辺、川の流れ、瀬音、風の音などである。

これら自然の事象に共通する性質は何であろう。興奮、心身の過剰な働き、発熱、心身の汚れなどに対し、これを鎮静し、冷却し、洗浄する性質のものとはみられないであろうか。このような一連の自然界の事象への愛着は、つまり集団意識の過剰な膨張によるはしゃぎや、欲望の暴発や、邪な、きたなき心や、暗い二心などへのおそれや嫌悪から反動的に生じてきたのではないだろうか。万葉時代にあらわれている「きよき」「あきらけき」「さやけき」美的感覚も、楽園的きよらかさへの憧れを無意識的に蔵しているのだと思われる。そしてそれが、特定の自然現象（モノ）への愛着・憧憬という形をとるところに、「日本的集団意識」と「汎アニミズム的体質」の、表裏一体的な関係が感じられるのである。

この呼びかけを行っている「すさのを」時代（神道が成立してどれほどか経ているであろうか）と、「清明」な素朴的和合集団の存在した時代とがどの程度へだたっているのか、そしてそこからの徐々たる変化または段階的変化、またはその一部繰り返しとしての変化（右の①から⑤に記述したような）が、どんな時間的系列で起こったのか、また政治的社会的変化、国家の形成との時間的関係、また『古事記』がこの「楽園的和合集団」の時代を、その記述の中にとらえているのかなどについては判断を差し控えたい。

みそぎ

さきにもちょっと述べたが、元来超越者の観念を持たなかった太古の日本人は、この素朴的和合集団の、欲望や集団意識の暴発を知らない、清らかな（と後代が感じる）世界と雰囲気に憧れる気持ちは強かったとしても、それを「楽園」の思想として結実させ、絶対化することはしなかったし、したがって、その清らかな世界と自分達の今のけがれた世界との「断絶」の意識も持たなかったと思われる。連続的な変化と感じていたところから、その清らかな世界につながると感じられるカミや祖先の崇拝の習俗が生じてきたとも考えられよう。このことには、過去に聖人による政治の、よりよい世界があったとする古代中国との共通性も感じられる。しかし中国には抽象化された「天」のような思想があり、懸隔《けんかく》もまた大きい。

そこで、断絶の意識がなかったところから、後代（自分達）の人々が、自らの「けがれ」「つみ」「とが」を感じたとき、古の楽園的清らかさに憧れ、それに思いを凝らし、楽園のあるじに見立てた神々に自分達の「けがれ」や「つみ」を除いてくれるように呼びかけ**（「はらえ」祓）、さらに水で身を清める（「みそぎ」禊）儀式によって、それらが洗われ清められると信じることが生じたと思われる。**これには言霊の力への信仰や、冷水によって身の縮む感じなども一体となって作用したであろう。すなわち、この儀式によって、楽園の清らかさを、楽園そのものを「わがもの」になしうると感じていたのである**（このことは重要だと思われる。後の日本の文化たる芸道や武士道や「道」の思想にも、内容は違うが同様の精神のメカニズムが作用していると思われる）。**

仮に、楽園と自分達の世界との「断絶」を強く意識すれば、楽園の清らかさは、自分達には永久に失われたものと感じられ、自らのけがれ・つみ・とがは、自らの力で背負ってゆかねばならぬと意識され（人間から離れることのない罪、人間の堕落の思想）、別の精神の世界を持ち、別の精神構造（人間性）を形成し、罪の救済についても、別の考え方の道を歩むことになるのである。

日本人はつみ・けがれに対して鋭敏な感覚を持ってはいたが、断絶ならぬ、この連続の感覚が、「みそぎ」という形での、つみ・けがれへの対応となったのだと思われる。集団意識親和性の強い日本人にとっては、つみ・けがれはそれの暴発であり、きよき・あきらけき世界はその萌芽的・素朴的状態で

あった。基盤には同じ集団意識があり、「けがれ」も「きよき」も、その様態の差と、無意識的に感じていたため、このような「連続」の感覚しか生じ得なかったと考えることができよう。
日本人の「悪」や「罪」に対する基本的な「甘さ」、あやまちに対する「忘れっぽさ」は、このような事情にもとづいていると思われる。

みそぎの思想はほとんど生命を失ったが、言葉としては生きていて、現代では悪用されている。たとえば、ある種の政治家などは、汚職事件などの疑いにまきこまれたりしたとき、次の選挙で当選すれば、選挙民によって潔白が認められたことになり、それを「みそぎは済んだ」などと表現する。自己浄化を自己の内心の問題としてではなく、他人の眼の問題としてとらえている。むしろこれは「みそぎ」の語の悪用ではなく、全くの誤用と言うべきか。

集団意識過剰発現への反発・抑制

話がもとへ戻るが、楽園的な状態とははるかにへだたった、日本的なウチ集団の出現も非常に古い時代のことと思われる。そして、ほとんど今日と変わらない姿での、甘えやソトへの閉鎖性・攻撃性を持った内集団的なものも古くでき上がっていたと思われ、平安時代の文学作品にもそのような雰囲気の描写が多くみられるのであるが、注目すべきは、ここでも当時の人達が集団意識の過度の膨張に対しては敏感で、その排他的攻撃性やはしゃぎすぎの有様をくわしく描写し、また「すさまし」「あさまし」などの語でこれを卑しめている。ずっと時代が下ると、意識的な、直接的な反発の表現が、『徒然草』などにみられることはすでに述べた通りである。

反発・抑制機構の定着→「こころ」

清明心への憧れやみそぎにみられるような、集団意識膨張への反発抑制も結局日本人の集団意識親和性の強さから生じていることになる。**集団意識は、日本人のものといえどもダイナミックな本質をもっており、強い情緒と結びつくと、急速にはげしく膨張する。集団意識親和性の強い日本人はその性質を熟知していたからこそ、それへの強い反発抑制機構を精神のうちにもったのであろう。しかもこの精神的機構は、当然「楽園的」状況が失われてゆく過程で、「歴史的」に発生したと考えるべきであろう。**動物では集団意識的なものの発現膨張はあるとしても、それへの反発というようなことは考えられない。反発抑制は、人間の「精神」における現象であった。

しかし、集団意識に常時浸されているわけではない民族においては、集団意識の肥大や暴発が起こったとしても、それが鎮まればそれだけのことで、精神の中にそれへの抑制傾向が刻印されて、持続的な抑制メカニズムを定着させることはないであろう。日本人の右の抑制メカニズムもやはり日本人の「集団意識親和性」の強さから起こる、日本的な特殊な現象なのであろう。

このようにして、日本民族に発生した精神の抑制的メカニズムは、ひろく「過剰なこと」への嫌悪・抑制の衝動となって日本人の精神を決定的に規定したらしく、平安時代の甘え・はしゃぎへの反発や「あわれ」の情趣にはじまり、後の「わび」「さび」など、常に抑制的な陰影をもつ、心の内部に収縮してゆくような美的感覚、また「道」のような、精神の凝集作用を伴った（後述）、日本独自の実践的思想へと繋ってゆくのである。「イキ」も勿論この抑制の機構を内蔵していることは、さきに考察したとおりである。

日本人の、この特殊な精神のメカニズムが「こころ」と呼ばれるものの真髄であると思われる。

追加的考察――汎アニミズム的体質等の研究の意義

以上、汎アニミズム的体質・集団意識親和性、日本的集団意識について考察してきたが、検討や考察の対象となる事象ははなはだ沢山あると思われ、この小論ですべてをつくすことはできない。たとえば言語の面でも、さびしい、にぎやか、なつかしい、など欧米の言葉にぴったり該当する語がないような語の大部分は、日本人のこの精神の様態に絡んでいるように思われる。この他、さきに参照した大脳生理学的な面からも、またいろいろの心理学的アプローチによっても、この日本的な「精神の基底構造」を確認することができるように思われる。

現在、日本人の特殊性が、閉鎖性など、世界でマイナスのものとして指摘されているが、マイナス現象の大本を確認するためにするような、このような研究や考察によってこそ、物事の本質の把握によって、マイナス現象の抑制、さらにプラス方向への展開の道がひらけるのではないかと考える。マイナス的な特殊性など日本にはないとする論に対しては、その主張の範囲を明確にし、安易に拡大された理念や、いわゆる対世界戦略への地すべり的反応を防止する効用があるだろう。

今、日本の政治や社会全体の枠組みを変えてゆかねばならないとの議論が活発であるが、それにはこのような基本的な考察も踏まえておかなければならない筈である。

またそれとは別の次元の話であるが、有限な地球に溢れそうになり、それを破壊する危険も出てきた人類の将来のあり方や、宇宙へも進出している人類の姿等々を想定しての、人類の精神的遺産の価値を根本的に問い直さざるを得ないような議論や考察が行われるとき、西欧の知性・理性だけで十分なのであろうか。日本のこの特殊な精神の様態が、なんらかの貢献をなす可能性はないであろうか?

第三章　日本的精神としての「こころ」

一、「こころ」とは

ここでは人間の精神の発生というような、むつかしい問題を扱うのではない。単に、日本人の精神の中に定着した、特殊な、意識の反応メカニズムを「こころ」として考察するのである。やまとことばたる「こころ」が、精神と同義に用いられるのは、その拡大的応用であって、「こころ」が元来的に精神一般であるとか、「こころ」から精神が生じたというようなことではない。

「こころ」の発生

汎アニミズム的体質、日本的集団意識に浸されていた日本人が、それらの肥大や暴発に対する抑制的な働きを精神のうちに持ったことは、さきにも述べたが、集団との完全一体化からの個人の分離、つまり、自意識の発生も同じメカニズムによって起こったとみることができよう。集団からの個の分離は、自己のうちにこもって、他者とは別の存在である自己という、世界の中での核を確認・確立することであるから、これは精神の飛躍的な覚醒を意味するもので、日本人は集団との関係が濃密であっただけに、楽園的一体感が失われるや否や、あるいは失われそうな予感を生じてくるや否や、集団の個人への圧迫感または個人の不安感（自己の位置づけの喪失による）が生じ、**意識を内へ凝らせることによって、早期に自意識の確立、精神の内面化と覚醒へ到達したと思われる。こうして「こころ」が生まれた。**

「こころ」の特質

「精神」を意味するやまとことば「こころ」（凝るという語源説があるが、必ずそれに依らなくてはこの議論が成り立たないというわけではない）に、「精神活動のもとになる」「精神活動全体を統御する」意味があるのは、内部に凝ることが、自己という、精神的統御機能への到達でもあったことを示唆していると思われる。「こころ」にはこの他、気配り、思慮分別、情け、企て、心構え、覚悟、気立てなど、人々への主体的働きかけの構えを感じさせる意味グループ、また、本心、内心、二心、下心など、人々から分離した自己の姿勢を感じさせる意味グループがあり、「こころ」が主に、「情・意」の働きにかかわるものであることが明らかで、これも日本人の精神活動が、主に集団意識との絡みで意識されはじめていったことを示唆していると言えそうである。勿論前記した如く、「からだ」に対する「こころ」という位置づけで、「こころ」に知的活動の面も含む一般的な精神活動全般の意味も持たされてはいるが、それはやまとことば「こころ」を拡大して精神活動全体にあてたわけである。

「こころ」を、このようなものとしてとらえてみると、「日本的集団意識」――「こころ」という、対極的図式が描けるわけで、日本人の精神の中には、ソトへ拡散してゆく強い動きと、ウチへ凝縮してゆく強い力という、ダイナミズムの場があり、しかもその場が「情・意」の軸の方へ偏っているため、精神の中で磁場のような「ひずみ」を呈しているといえるであろう。日本人の精神が常にひずんでいるということではない（こころが精神全体を意味するような使われ方をするので、このようなまちがいが生じ易い）。**「こころ」の真髄たる自己凝縮的な働きが強く現れたとき、そこが「ひずみ」を持っている**ということである。

「こころ」と、はじまりのころのヨーロッパ大陸の精神との対比

以上のように、日本人の古代の精神をとらえてみた上で、主にヨーロッパにおける精神の初期の様相や覚醒への過程（歴史的に正確にくわしい過程ではなく、太古のアニミズム的状態から、ギリシア・キリスト教的なものとの絡みで、いわゆるヨーロッパ精神が生ずるという概略のすじを模式図的にとらえて）などを想定して、それと比較する気持ちで眺めてみよう。

英語のハート（heart）、独語のヘルツ（Herz）には、「こころ」の場合と同じく、「心の奥」などの意味があるが、「つかさどる」「統御する」という意味はない。統御するのは、スピリット（spirit）、ガイスト（Geist）の方であるが、その働きは精神の特定の場所にあるのではなく、精神全体に、もっと正確には、統御すること自体がすなわち精神であるというふうに、統御は精神全体にゆきわたった機能である。**そして精神への原初的プロセスは、アニミズム的な霊的存在（多くは気息、呼気、風など）が、「人に生命を与えているもの」から、「人を人たらしめている原理」へと徐々に意味が抽象化し、後に宗教や哲学との接触によって、人間のあり方を決定する原理、自己の統御作用の本体としての「精神」へと、いわば昇華され、内面化されたということであるらしい。そして自己の覚醒という、精神の強い内面化は、日本の場合とちがい、神やイデアなど、自己やこの世からみて、超越的であり、無限で万能で、**

そのため現世からは断絶していると感じられるものに対しての、有限で卑小で悲惨でもある自己の位置づけという、深刻な格闘を経て獲得されたものだから、世界に対する客観的な受容と、精神の覚醒レベルは、日本人のそれより広く高く、また「情・意」に偏ることなく、知的な合理化の働きを強く持っており、外界の客観性を十分とり入れた精神の覚醒であった（ロゴス的精神）。

日本人においては、覚醒に伴っての、自己の位置づけ、つまり合理化の意識活動が、これに比べると、主に集団との関係に限られていたから、はるかに単純で、多面的に深いところから揺すぶられるものではなかったし、そのため「ロゴス」的精神にはなり得なかったわけである。しかしながら、超越者の啓示やそれとの格闘によらず、しかも世界の大宗教・大思想の発生時期にあまりおくれをとることなく、独自に、相当度の内面性獲得と、個の覚醒・独立を達成したところに、日本民族の高い精神性と、開化への潜在力を見ることができるように思われるのである。事実、ヨーロッパにおけるのとはちがい、東洋の大宗教・大思想の高い精神性と接触したとき、日本人ではすでにアニミズム的な状態は終わっており、自覚した精神としてそれに対応したのである（ヨーロッパでは、ギリシア・キリスト教的な「精神」と接触するまでは、アニミズム状態の中に「眠って」いたのである）。

「タマ」「カミ」の位置づけ

ちなみに、日本の「タマ・タマシイ」が、ヨーロッパでの「気息」などのように、精神の母胎になるとか、新しい外来の精神の中へ同化してゆくなどのことがなく、宗教的な（アニミズム的な）性質のままにとどまり、「カミ」として祀られる方向へ行ったのは、「タマ」が元来「コト」になるような、具体化への性質を帯びていて、抽象化しにくかったこともあろうし、また日本人の精神が右に述べたように内に凝る形で内面性を獲得する過程に「タマ」が関与しなかったためであろうと思われる。

また、仏教など大宗教の高い精神性に触れたとき、これを受けとめて受容したのは、前記のようにして生じていた、「こころ」を軸とする日本人の精神であり、「タマ」はすでに日本人の精神の中で「カミ」として、別のシステムに位置づけられていたから（そして「タマ」の別の一面「モノ」は、汎アニミズム的体質として精神の基底層にかかわっており、これも大宗教の精神性とは無縁のものになっていた）、外来新思想受容のプロセスの中へ合流・統合されることは起こらなかったのである。そこでアニミズムの系統の、日本神道などは、他民族においてアニミズム信仰が、外来の大宗教によって吸収・統合・消失させられたような具合にはゆかず、別のものとして根強く生き残ることになった（後になって、外来宗教と「習合」するのは、別の次元の話である）。

一神教をもつ精神と、日本のそれとの差

以上から、超越者との断絶を最も厳しく意識するセム系の一神教や、キリスト教のような宗教が、日本民族に広く根付くことが起こりにくいのが理解されるであろう。内面性の構造に大きな差があるのである。特に超越者を、人格的な、しかも「父」的な存在とみなすことによって、人間の「個」が受ける厳しい精神的独立感（むしろ孤立感）や自己の位置づけの格闘は、日本との根本的な人間性の差を生み出さずにはおかないと感じられる。

一神教的な西欧精神と東洋の精神

仏教にも超越者の意識はあるが（釈迦が〝いわゆる〟超越的なことについて語らなかったことは、このこととは矛盾しない）、それの現象界との対立・隔絶は、断絶や、一方による絶対的支配というほど峻厳でなく、またそうであっても（禅宗における印可のきびしさ）、超越者が「法」であり、人格的な性質をもっていないから、個の精神が生物学的な根源から揺すぶられ、それから分離するようなことは起こらない。それだけ精神が動物的基盤から独立し得ないともいえるが、一方そこに仏法の深さと、東洋の、精神性へ傾き過ぎることの危険性への安全弁の役割もある。

一方、一神教では、人間と他の生き物との根本的なちがいという意識が生じ、自然と人間との関係も、東洋とは全く異なったものへと発展してゆく（だがそれらについて論じるのはあまりに大きな横道へ入ってしまうことになる）。

仏教における、超越者との隔絶は、大乗仏教において、現象界を「空」とみる悟りの精神が（「色即是空」）、再び人間界に復帰して（「空即是色」）、これに働きかける力強い精神的躍動となって、いわば「空」を生命で満たす「菩薩」の理想によって、外見上見えにくくなる（実は厳然として隔絶は存在し、例えば禅宗でもその隔絶を自己のうちに包摂し得た者のみが印可を受けるのであるが）。この傾向は中国で強まり、日本ではもっと強くなると言ってよいであろう。

また儒教をはじめ中国独自の思想には、断絶としての超越者の観念はほとんどないが、「天」や「道」など、現象界の上にあったり、それを奥からつらぬいたりしている抽象的観念がある（老荘思想など）。

「こころ」と東洋精神の近さ

仏教や儒教が、比較的容易に日本人に受け入れられたのは、前記のような、動物性の基盤から引き離されることはなかったというような意味における、精神の内面構造からくる受け入れ易さの理由があったと思われる。しかも、これらの思想や宗教も、本当に日本的な内面構造にぴったりしたものになるまでには、長い時間がかかったのである。

とにかく日本の「こころ」の構造は、抽象的なもの、超越的なもの、特に断絶的な感覚となじむことは困難な性質をもっているようである。

「こころ」の力動的性質の時代別発現様態

日本人の精神を個人レベルでみると、「こころ」の凝縮傾向が強く働いているときもあれば、それほどでもないときもあるが、時代や、また社会階層や集団の単位でみても、そうであって、大ざっぱに言うと、上代では、さきの「清明心」のところでも見たように、集団意識の膨張に対する反発は強いとしても、**凝集する様態はそれほど強くあらわれていなかったと思われ、**精神全体の情意への偏りもあまり感じられず、比較的客観性が感じられる。いうなれば、「凝る」力動的性質をもたない、多くの他民族の精神とあまり差が感じられない精神的様態の時代であったと言えよう。

平安時代ごろから、「こころ」の凝縮的傾向は徐々に強くなり、日本の中世は、この傾向が最も著しかったと思われる。そして室町時代から江戸時代にかけては、武士階級などではこころの凝集傾向が強く、平時は日本的集団意識の肥大も抑制されていたが、それ以外の階級では、社会全般的には、凝集の

傾向は弱まり、個人個人や特定の集団によってまちまちな様相を呈している。そして江戸末期には、吉田松陰や西郷隆盛にみられるような、「こころ」の究極的な凝縮態があらわれる一方で、社会全般的には、「こころ」の凝集傾向は弱くなり、集団意識の肥大が進んでくるように感じられる。そして明治以降も日本はずっとこの傾向にあると感じられるのである。

日本的アイデンティティーとしての「こころ」

右に見てきたように、独自の精神的ダイナミズムをもつ「こころ」を、日本的アイデンティティーと見るならば、日本人の精神が、真に日本的になったのは、鎌倉時代ごろからではないかとの考え方もあるが、それは「こころ」の凝集傾向がその頃顕著となり、中国大陸経由の宗教や思想を、この凝集した磁場がとらえて日本的に変容したため、日本のアイデンティティーが生じたように感じられるところから来たと思われる。たしかにそのことは事実であるが、アイデンティティーという言葉でいうなら、それはアイデンティティーが増したのであって、日本的アイデンティティーは、「こころ」という語とともに発生していたのである。

普遍的な精神の働きと「こころ」

このように、日本的アイデンティティーは、「こころ」にあるとしても、日本人の精神はその「こころ」の特殊性の、完全な支配下でしか働かないということではない。人類共通の普遍的な（もしくは平均的といえるか）、精神の働きとしても働くのである（このことは、どの民族でもいえることであろう。

各民族としての特殊性はあるとしても、また普遍的な精神として、国際的に機能することもできるのが人間である）。そのことは、日本が明治の開国によって近代化の道を歩みはじめてから、当然のことのように感じられているが、はるか古代でもそれは認められるのである。

明治以後、日本人は、ある種の個人としては、西欧型の価値観、思考体系を（部分的にであれ）もった知識人として生きたり、西欧の芸術を学び、いわゆる洋画家や西洋音楽演奏家として、西洋でも認められる地位を築いたり、また科学や技術の方面で業績を上げたり……要するに精神的には西欧人として生きる（全面的にではないにしても）こともしてきたのである。またはるか昔、中国経由で渡来した仏教を学び、受け入れたときも、日本人の精神のもつ、普遍的な精神の働きによって、これが可能だったのであり、聖徳太子の『三経義疏』のような業績がそれを証拠立てていると思うのである。

このように日本人が外来の客観的思想を学ぶときとか、西欧的な意味で哲学的思索、科学的研究にたずさわるときなどは、普遍的な精神として働くのである。しかしそのようにして受け入れたものも、その個人の日本的な「こころ」を消滅させてしまうことはなく、長く共存しているうちに、日本的特殊性の色合いが漂い出てきたり、また日本的特殊性の中へ取り込まれて、再構築されてしまうなどのことが起こるのだった。

外来精神の受容と「こころ」による変容

古来、日本人が偉大な外来思想、宗教などを受容するとき、超越者の人間精神への啓示の姿としての、各々の「真理の結晶」を、日本人は理解し、普遍的な精神の働きとしてこれを受容したのであるが、その結晶はいかに固く鋭くとも、日本人の「こころ」の磁場を破壊して突きささることは、かつてなかったのであり、外来思想が、日本人が日本人たる本質を失うという感覚を起こさせることはなかったのである。だからこそ複数の「真理の結晶」が、日本人の精神の中を漂っている状態が可能なのであった。ただ、そのような真理の結晶が長い間精神の内を漂っているうちに、「こころ」の凝縮した磁場に入りこみ、ここで日本的な変容を受ける（道元の禅、その他日本的になった仏教や儒教思想が、変容した仏教と相俟って、日本的な実践的思想「道」の理念を創造するなど）ことが起こるのである。しかしこの日本的変容にもかかわらず、明治期、社会制度や生活習慣などの変化があると、この日本的になった真理の結晶もまた吐き出されてしまい、また別の新しい結晶を仕入れようと試みたのだった。これは一つには、もとの真理の結晶そのものが、人類の精神の観念性の徐々なる退潮と宗教の力の減衰（どちらが原因なのか結果なのか）のもとで十全な力を発揮しにくくなってきていたこともあろうし、また一つには、日本的に変容された真理の結晶が、超越者と現実との隔絶や対立という元来の真理の本質を無意識のうちにやや弱めるか弱めるキッカケを与えてしまっており、**日本人の「こころ」の磁場を破壊するどころか、かえってこれを強化してしまっていたためでもあると思われる。日本人は外来の思想を栄養源にして、前よりもさらに日本人らしく、日本的アイデンティティーを強化してしまっていたのだった（幕末期の二、三の日本人でこれが顕著にみられる）**。

こうして、結局日本人の精神が、永久に、絶対者の前に定位されることが、日本民族に全般的に徹底的には起こり得なかったのである。**要するに日本民族は深い「たゆたい」をもった人々で、思想や真理によって串刺しにされることができず、真理の槍を「こころ」の磁場で受けとめて、座標軸を相対化し**

てしまい、いつのまにか再び「もとからの日本」として立ち上がってくる「寝業師」なのである。

日本の「わかりにくさ」

日本人が、普遍的な精神の働きと、「日本的なこころ」の二つの機能を持っていること、これが日本を近代化させ、ひいては工業先進国の仲間にもさせたのであるが、同時に日本文化の複雑な「わかりにくさ」をも生み出しているのである。**特に「こころ」のもつ、価値を相対化し、複数の価値への同時の努力さえもちうる性質、また「こころ」の凝縮傾向の強弱によって、逆方向の価値を追求したり実現したりする（芸術ではたとえば「わび」「さび」の方向と豪華の美の両方向の美が追求される）事実などが「こころ」の本質を知らない異文化の人々には理解しにくい点となってくる。**

日本文化全般にみられる、相反するものを含んで矛盾を感じないでいる特色、保守的であるかと思うと甚だしく進歩的、前衛的でさえあったり、排他的とともに協調的だったり、刀を魂とみる尚武の野蛮性と菊を愛する優雅、能の幽玄と歌舞伎の豪華、忠誠心からたちまち謀反心への転換――**ルース・ベネディクトをして、「だがしかし（but also）」という言葉の連続でしか説明できないと言わしめた、日本文化や日本人の行動の複雑なわかりにくさ（複雑さについては、つとにピエル・ロティが言及し、ごく最近では一九七七年に来日したレヴィ＝ストロースも、「ロティと同じく」そう思うと言っている〈『クロード・レヴィ＝ストロース日本講演集　構造・神話・労働』大橋保夫編、みすず書房、一九九〇年〉）――これは大部分「こころ」のなせるわざなのである。しかし、現在の経済大国としての日本の「わかりにくさ」は、文化面よりは主に政治や経済の場で言われており、「こころ」の残した構造もある**

うが、むしろ汎アニミズム的体質や日本的集団意識に直接絡んでのことが主になっていると思われる。現代の日本はすでに、古来の、右に述べたような、日本的アイデンティティーも、文化・思想の寝業師としての力も失いかけていると感じられるのであるから（第四章、第五章で検討）。

二、「こころ」が生み出したもの――日本の伝統文化（点描）

「こころ」によって、日本人の精神は、独自の様相を帯びたわけであるが、はじめのうちはまだ「こころ」の凝縮的傾向も強くなく、さきに述べた「こころ」の磁場がそれほど強くは働いていなかった時期がつづいたと思われる。上代・上古時代の精神にはまだ素朴な客観性が強く、当時の仏教の受容の姿や万葉歌人の精神にそれが感じられる。

日本的な印象を示す真に日本的な文化は、「こころ」の凝縮傾向が徐々に強まってゆく、おおよそ平安期からはじまると言ってよいのではなかろうか。そこで、平安から江戸時代にかけての「こころ」の様態を、主な美的感覚や「道」などの実践的思想との関係において考察してみることとする。

もののあわれ

まず、「こころ」の凝縮的様態において、美的感情として現れているものに、「あわれ」「もののあわれ」「わび・さび」「幽玄」などが挙げられよう。

「あわれ」は、元来広い意味の、感動・情緒を表す語であったのが、だんだん哀憐、悲哀などの意味に使われる（特に中世以後）のが主になったと言われる。「あわれ」の情趣はこのように変化していったが、これには一貫して「しみじみ」とした感じが特長的につきまとっている。「しみじみ」は欧米語にはぴったり相応する語がなく（辞典で引くと、「鋭く」「噛むような」「全く」などの意味の語が挙げられている）日本特有の情緒を表す語であることが感じられる。元来、この語は、「染み染み」「沁み沁み」から来ているとされ、「こころ」を染めて内部へ沁みこんでゆくという語感からも、「こころ」の凝集的様態に絡んでいることが感じられる。さきに、「清し」「明らけし」の感情が、集団意識の強い膨張への反発にあることを考察したが、「あわれ」では、それがさらに収縮にまで進んだ「こころ」の状態が考えられる。そして「清し」などにかかわっていた「我々感情」としての集団意識は、「あわれ」にも含まれている。それは「もののあわれ」において一層明瞭に感じられるであろう。本居宣長が「広く感ずる」と言っているように、外界の事物、人情、広く自然と世間とに触れて生ずるさまざまの情感が「我々感情」として「こころ」に沁みてくるところに成り立つ美的感覚である。「広く感じ得る」こころに、ある価値をおいている意識が感じられる。

日本的集団意識の、自己の外部への軽度の膨張に宿る感情が「甘え」であるとすれば、「もののあわれ」は、日本的集団意識の、自己の内部への軽度の収縮（内面化）に宿る感情であるということができよう。「甘え」も日本人には快いものであるが、この、「もののあわれ」的なこころの軽度の収縮に日本的集団意識をからませつつ「たゆたい」、世間のさまざまのこと、我が身の来し方行く末などに思いをひそめる（ながめ）ことは、やはり日本人の集団意識親和性とよく共鳴し、日本人には快いものなのであろう。それ故に、**この「たゆたい」と「ながめ」の美的表現形式としての和歌が、いつの時代にも日**

本人から嫌われたことはなかったし、また「こころ」が大いに収縮するであろう「いまわの際」でさえ、この形式が適切と感じられ、辞世の歌が詠まれてきたのである。「もののあわれ」では、「こころ」の凝集が、武士道やわびさびの極致におけるほど強くはなく、「日本的」集団意識がかなり強く残っているため、真剣味や客観性にはやや遠いうらみがある。辞世の歌に、和歌の形式が用いられるのは、真剣味よりは「余裕をみせる」意義があるのだろう。いずれにしても、「たゆたい」や「ながめ」の快さには、集団意識を基盤にもつ、日本人特有の、心あり顔なる自己満足がまじってきやすく、『古今集』にすでにその気配が明瞭である（『万葉集』とのなんたる懸隔！　素朴な巨人が急にわけ知り顔の小人に変貌する如き）。純粋なもののあわれを提唱した本居宣長が『古今集』を持ち上げたのは、いささか解せぬ感じがあるが、そういう自己満足的なものも含めてたゆたっている、「ながめ的もののあわれ体質」が和歌の心だというのであろう。宣長の「やまとごころ」は、唐心《からごころ》をすすぎ去った、自然のままの人間の心で、それは「たをやめぶり」のものだそうであるから、みそぎ以来の「日本的甘さ」には鷹揚であっても不思議ではないかも知れない。

なお、現代は、世相にも、哀れなものはみえなくなり、「こころ」の凝縮的力も弱まっていて、「あわれ」の時代ではなくなったためか、和歌も、「あわれ」より、むしろ「おかし」の情趣がかってきており、元来「おかし」の器である俳句との差がはっきりしなくなってきているようにみえる。またいわゆるナウイ世代に持て囃される新しい感覚の和歌をみると、やはり「おかし」が目立つが、俳句とはまた一味ちがって、「日本的集団意識」が横溢しており、『古今集』にみられたあの気配も大いに増幅されているのがわかる。ここでは「こころ」の凝縮による内面化の過程は、あまり感じられず、むしろ「日本的集団意識」そのものの言語的遊びにすぎないようなものもある。しばしばそれらは、「甘え」や「はしゃぎ」の、お洒落に恰好よく飾りつけられた「標本《プレパラート》」のように見える。ここまで変化してきた日本人の「広く感ずる心」は、和歌ではその器が小さすぎると思い始めたらしく（国際化時代で日本人の感情体験も多様化？）代わりにエッセーというものが、伝統的な、この日本的快感充足の器となったらしい。そして平安女流作家の伝統も生きており、エッセイストに女流が目立つのである。エッセーの多くは、他国では知らず、日本では、とめどなく引き延ばした和歌なのである。日本的集団意識と自己満足が「知的あそび」「おかし」「チョッピリかなし」「はしゃぎ」などとまじり合って「和歌的たゆたい」を楽しんでおり、こんな長たらしいものを和歌だと言えば、さすが、たをやめぶり好みの宣長も顔をしかめ、「ながめ」の小町は腰を抜かすだろうし、「おかし」の家元清少納言なんぞは「あなかま、いとすさまじ」などと喰ってかかるだろうが、さすが大姐御、紫式部は（自分も長すぎるものを書いたと内心思っているせいもあるか）「あわれ」の見えなくなった日本の現状を咄嗟に了解し、みなをなだめて、ともども日本の繁栄と女流文運の隆盛を喜んでくれるにちがいない。

わび・さび

「わび・さび」は、物質的または人情的な「不足の感じ」に居りながら、そこを美的感動によって充実させよう、またはさせたという美的価値意識で「もののあわれ」よりはるかに凝縮した「こころ」の様態が考えられる。そして「わび・さび」には、日本的集団意識は僅かにしか絡んでいないものもある。たとえば、芭蕉の有名な句〝閑かさや岩にしみ入る蟬の声〟において、いろいろの情緒・感情がしみてくるのではなく、はっきり一つのもの、蟬の声がしみてゆくのである。「こころ」にしみ入ることを、岩にしみ入ると表現して、沁みることが客観化されている。そして「こころ」は凝集して静かに静止している。たゆたうのではなくて。〝ほろほろと山吹散るか滝の音〟はどうであろう。集団意識を呼びおこす打楽器の連打の騒音に比すべき滝の音が背景に遠のいてゆき、明瞭な視覚世界が現れてくる。ほろほろとではあっても、それはあわれのしみじみでも、まして感傷でもなく、一種の硬質性を帯びている。ただこの「硬質性」は、炉からとり出され、吹き膨らまされた薄い薄いガラスの球がたった今、冷えて硬くなったとでもいうような脆さを漂わせている。前の句の「しみ入る」にも、退化器官のような集団意識の尻ッポが残っているのが感じられ、両句とも「あわれ」のたゆたいから、わびさび的凝縮へ到達した瞬間の姿を示しているように思われるのである。日本人が、もともと集団意識親和性を持っていない西欧の詩人のような、客観性の硬質の美を創造するのは甚だ困難で、明治以降の日本の近・現代文学においても、この類いの美への到達が大きな目的になったにもかかわらず、その達成は微々たるものにとどまったようにみえる。

芭蕉は勿論その類いを意識してめざしたわけではなく、わび・さびの詩人にとどまったわけでもない。雄大な客観的趣のある傑作〝荒海や佐渡に横たう天の川〟においても、荒海の轟音が、さきの滝の音と同じ意味をもって、この句に根源的な「力」を与えている。画家蕪村の句は、誰もが知るように、視覚的で、このような、集団意識親和性につながるような音響はほとんど現れてこない。〝秋風の動かしてゆく案山子かな〟における秋風も、音ではなく、透明に通り過ぎてゆくものである。案山子はカタカタ鳴ったかも知れないが、それは乾いた音で、芭蕉の世界の音とはちがう。〝木枯しや畑の小石目に見ゆる〟では、強い風の音がほとんど聞こえず、防音のガラス窓を通して眺めるようである。その代わり、目にみえるものは実によく、手にとどくようにはっきりみえている。蕪村の句は汎アニミズム的体質により近く、その意味で典型的に俳句的であると言えよう。

同じ風を扱っても、「もののあわれ」の和歌では、例えば西行の〝秋来ぬと目にはさやかに見えねども風の音にぞ驚かれぬる〟において、風の音がドッと聞こえてくるかのようである。そして「おどろかれぬる」のd-r-r-rに、擬音的効果への無意識的な「よりかかり」がみられる。「荒海や佐渡に横たう……」にも、これが感じられる。「古池や蛙とびこむ……」も同様である。この「よりかかり」が大きな効果をあげ、日本人の集団意識親和性を通じて、胸や腹にひびくのである。

芭蕉は、「もののあわれ」よりはるかに凝縮した精神ではあるが、集団意識親和性は決して弱くはない。凝縮した「わび」と拡散的な風流的なものの共存が、芭蕉の、元禄という時代の子たる面目なのかも知れない。ただし芭蕉の風流心は、本人自身も、これを「すずろ神のものに憑きて」などと、きまぐれのように軽くたわむれて述べているときもあるが、この「風流」は徐々に「旅」に収斂し、定住の地を持たず（むしろ持てず）、この世で平凡に、しあわせに生きる、いのちの形を摑むことができず、苦しみでもあり理想世界（美）でもあるものだけにのみ、いのちが「釘づけ」にされるという、本物の詩人に往々みられる様相となってくる。そして遂に、はじめの、拡散したアソビ心の風流が、終わりなき旅の相となって、人生の究極的な真剣な「とりくみ」となってゆく。

ちなみに人磨呂の歌〝天《あめ》の海に雲の波立ち月の舟、星の林に漕ぎ隠れ見ゆ〟も客観的精神の場の風光（漢詩の世界を感じさせる）である。これは、美しい譬喩に満ちているが（特に「星の林」）、擬声語・

擬態語の気配を感じさせるところは全くない。**万葉の時代は、「あわれ・わび・さび」などにまでこころが収縮する前の、「さやけき」こころの時代だったのである。素朴的・客観的の美の表現が、日本人からなされるのは、やはり異例のことだったのであり、その創造の期間は短く、日本の歴史でただ一回だけであった。**

幽玄の美

「幽玄」は、特に「能」で代表される中世の美的理念とされるが、「こころ」の凝縮が甚だしく強まり、祈るように一点への凝集ともいうべき形をとっている様態において、はるかな理想世界（仏教的な）からの美の反映を、うつそ身に纏う、という美感である。「こころ」のそのような凝集が起こったのは、一つには武士階級の勃興と、一つには仏教、特に禅の影響が考慮されるべきであろう。武士は平安の貴族社会の周辺の、しかしソト者として疎外感を抱いていた（こころの凝縮傾向をもつ）人々であったが、社会的に浮上し、独自の立場を築いてからも、戦乱の打ちつづく中、身内の者の謀反・相克やそれに伴う死の危険、また責任をとって死ぬことなど、その「こころ」は、常に克己的に強く凝縮様態におかれていた。「もののあわれ」にたゆたう「こころ」は、中世の社会的混乱もあって、急速に日本人から消えてゆき、もっときびしく引き締まった精神が「こころ」を鍛え、集団意識を抑制しつつ、これを凝縮させていったと思われる。そして仏教のうち、特に禅宗は、日本的なこころの凝縮態に深く取り込まれ、鎌倉時代に日本的変容を受けることになった。室町時代の舞台芸術家は、そのような武士階級を顧客として持ったとき、「こころ」の凝縮態と協和音を奏でる美を創造せねばならなかったわけである。それはある意味で自らが禅者になることであった。自らが禅者の心となって、しかも座禅を行ずるのでなく、舞台の上で、悲惨と煩悩に満ちたうつそ身からの祈りの姿勢で、煩悩即菩提などの深く高い宗教的理念に思いをこめ、その理想世界の姿を、舞台の上の人物の動きの中に、二重映しのように現出させることであった。ここには、清明の世界に呼びかけて「みそぎ」することによって、この身のけがれが洗われ、理想のきよらかさを身につけることができると信じた、あの大昔の日本人の伝統が生き返っていると思われるのである。そして日本的変容によって、超越者との連続感をもつようになった日本の禅宗の性質もこれを助長したにちがいない。やはり「こころ」の収縮態の磁力が強く働いているのである。「はるかな距離のある高く深い感じの美しさ」と説明される幽玄の意味がこのようにして理解されると思われる。世阿弥の「心を十分に動かして身を七分に動かす」ことも、右に述べた「祈り」の強さと、凝縮した心をもってする演技として理解されるのではないだろうか。

風流

美的感覚に関連して用いられる風流は、さまざまな意味をもっており、全部を復習する煩を避けてこれの本質をみるならば、「もののあわれ」の系統にあることがわかる。やはり「広く感ずる」ことが価値になっている。不風流な人間といわれるのは、日本人にとって恥ずかしいことであった。現代では風流という言葉はあまり用いられないが、この価値観の伝統は健在である。今では「感性がない」とか「感性が乏しい」と言われれば、かつて「不風流」と言われた以上に、おとしめられた感じは強いであろう。**現今の、猫も杓子も自ら「感性人」であることを確信し、カルチャーセンターが繁盛する現象は、**

広く感ずる「もののあわれ」の伝統の上に、あらたに活気づいている汎アニミズム的体質と日本的集団意識を感じさせずにはおかない。不趣味な人間と見られたくないとか、他人の趣味のあるなし、その何であるかを気にかける、日本人全般にかなり強くみられる心理も、他の民族ではあまりみかけないことが多い。

精進

中世末期以降の日本人の精神を深く規定した実践的思想たる「道」も、こころの凝縮作用が生み出したものであるが単に思想という言葉ではぴったり表現できないのが「道」で、日本の「こころ」がかかわったものは結局主体的な行為と結びついた心構えのようなものになるのである。「道」の前提には、禅宗の日本的な変容と、その結果生じた「精進」という言葉で代表されるような、一つの精神的姿勢(むしろ体質と言った方がぴったりするような)を確認しておく必要がある。

中世になって日本人の「こころ」の凝縮傾向は格段に強まったと思われるが、もともと日本人の主体的な傾向に合っていた禅の精神は、この凝縮した心の中心に入りこみ、その結果日本的な変容を受けることになる。

禅宗のような主体的な傾向の強い仏教の真理にも、超越者と現実界(仏法と世間法)の隔絶の意識は明瞭で、両者を包摂する、ある精神的飛躍(「一超直入如来地」……永嘉の證道歌。大乗の経典はあまりに膨大で、またどこを引用しても似たような境界の表現が出てくるので、便宜上、比較的簡潔にほとんですべての禅的な仏教的理念を包含していると感じられる唐の禅者、永嘉玄覚の證道歌を利用させて貰うこととする）がなければ印可は与えられなかったわけである。さて印可を与えられた者の意識を、これから問題にしようとする見地で考えてみると、中国の禅者では、仏法と世間法が包摂された自在な心境の中で、この両者は永遠に交わることのない平行線の関係にあったということができよう。それは両者の静的な（static）関係であった。菩薩の神通的な、「東湧西没的」な躍動も、仏法の中での心的体験としてであり、世間法としての自己と仏法との関係はstaticであった（「寂滅性中随飲啄」同前）。ところが、これが日本人の「こころ」の中ではどのようになるか。仏法と世間法の包摂に至る過程に変わりはないが、そのあとが、何かが変化してくる。平行線が、情意に偏ったこころの凝集の磁場の中で互いに接近させられ、またいずれ交わる二本の線であるかのような幽かなる歪みを受け、世間法が仏法の方へ押しやられる。世間法と仏法の隔絶がなくなるわけではないが、より仏法に調和的な世間法であるように（これは言葉の上では矛盾であるが）自己が在ろうとする精神的状況が生ずる。実はこの状況は、元来の大乗仏教に萌芽としていないわけではない。たとえば『華厳経』に「（自分が）大便や小便をするときは、生きとし生ける者すべてが、汚れを除き、心の煩悩のよごれも除くよう願うのだ」とあるように（大乗仏典ではこのように自分が現実のある小さな行為を行うとき、それが一切衆生の善事や利益になるように願うという発想〈「本願」の思想に通ず〉が沢山ある）、世間法と仏法とが自己の行為によって結ばれて、さきに言った平行線に橋がかけられたような形となる。また中国の禅寺でも、集団生活の規律を守るための規則や心得が沢山あり、それをいちいち仏法の理念に結びつけて表現してある。すなわち、自己の行為（世間法）を仏法に調和的にしようとする心的状況がある。しかしこれが、日本のたとえば道元においてはどうなるか。

『正法眼蔵』第五十四洗浄（右の『華厳経』からの引用もこの章にあったものを借用）に、「身心これ不染汚なれども」と、仏法に包摂された世間法にけがれのないことを言明しながらも（平行線を認めたことになる）、「作法これ宗旨なり、得道これ作法なり」と述べ、排泄についての作法（厠《かわや》での作法）を実に事細かに教示している。そして「小聞のともから」すなわち大乗仏教を解しない者達は、この世（娑婆世界）の仏達の厠での作法は、浄土世界の仏のようには規矩にのっとった立派なものではない、などと言っているが、それは本当の仏道を知らぬ言い草だ、としている。勿論、仏法世間法の隔絶の見地からすれば、この小聞のともからの言う事は正しい。そして大陸の仏教者も、そして道元自身さえこのことを認めて「身心これ不染汚」と平然としていることもできるのである（平行線のまま）。**しかし道元は一歩を進める。**この世間法の我が身が立派な作法によって行動することによって、浄土の諸仏のような立派さを身につけることになるのだと主張する。世間法を仏法に、より調和的な姿たらしめようという心的状況ないし願望が、世間法の中での調和的努力を重ねることが、仏法の成就につながるのだという信念となる。ここで世間法と仏法は、平行線ではなくなり、両者がいずれ交わる線であるという観念が生ずる。

これは「無明実性即仏性」（同前）とは、異なった境地であるといわなくてはならない。永嘉的な感覚でいえば、（それは大陸の禅者すべてのそれであるが）いずれ交わることはないのである。即仏性でありながらも世間法は、「粉骨砕身未レ足レ酬《むくゆるに》」であり、しかも即仏性として「一句了然超二百億一」なのである。平行線を跳び超えるか跳び超えないかのどちらかである。平行線の一方（世間法）に沿って走ることは粉骨砕身に終わるだけである。ここで、道元が大陸の禅者の境地に及ばぬなどと言おうとしているのではない。ただ日本人道元では、「そのまま（staticな関係）では済まない」のである。平行線がいずれ交わると信じて、一方に沿って走り、粉骨砕身せよと教える。日常生活のすみずみまで、すなわち行住坐臥、仏道に在ろうとする精神の集中、主体的思考の徹底と実践、**そして仏道と直に合体する無相の思索としての座禅、只管打座。**仏法に調和的であろうとする世間法（自己）は、仏法めがけて息もつかずキメ細かい作法や思索や座禅の努力をつづける求道者となる。『正法眼蔵』はこの種の思索と教えに満ち満ちているわけである。こうして、一見大陸の求道者と同じようでいて、心の奥にダイナミックなものを強く蔵することによって別の、新しい仏法への在り方としての「精進」が生まれた（精進はもと漢訳語であるが、このように日本で独特の意味をもつ言葉になったと思われる。日本的になったが故に「精進潔斎」など日本古来の神道的用語と結びつくことも容易に起こった）。**「精進」はやはり「こころ」の凝集力が生み出した、日本的産物といわざるを得ないであろう。**

『景徳伝燈録』の末尾の巻々に描かれており、また描かれなかった無名の者も多かったと思われる、大陸の禅者達には、この「精進」的様相と甚だへだたった境地がある。彼らの仏道は老荘と融合した気分があり、身じまいをキチンとするでもなく、「洗浄」に精出すわけでもなく、ボロをかぶって寝ていたり、一日の大半を居眠りしていたり……しかも大乗の真精神に満たされて天地の間に「任運」に遊んでいる。つまり、仏教に限らず、一般に宗教的敬虔や熱烈な信仰そのものから、必ずしも「修行」や「求道」の姿勢の生活が出てくるものではないことを確認しておきたい。

「精進」にもどると、ここには、キメ細かさを求め、「もの」の近くに居る、あの汎アニミズム的体質が感じられないだろうか。また理想の世界を我が身の上に呼びよせようとする「みそぎ」の姿勢と同じものがありはしないだろうか。さらに「道元の思索や行動に示されたきびしい潔癖性」（けがれた事を言ったと道元が見なした人間の座っていた床板を切りとって棄てさせた）には、みそぎの「清明願望」に通ずるものがあると感じられるのである。

偉大な古人では、精神の底が深いので本人は気付くことなく、昔の偉大な複数の精神的成果とつながっている。

とにかく、日本の禅宗には（道元において最も）「精進」の体質が加えられて、真に日本人にぴったりしたものになった。また日本の「こころ」の芯が、仏法という偉大な思想を得て、甚だ強靭な力を持つようになったといえるだろう。

さて、禅宗以外の、たとえば浄土宗の教えも、日本人においては、日本的「念仏」や、熱烈な「往生」志向の姿に見られるように、「こころ」の磁場で異常に凝集され、一心不乱の不断の「行」となる。法華の系統においても、元来の熱烈な雰囲気は日本的に一層「はげしい」信仰行動となる。これらのことも日本人の心を鍛え、「道」への素地を作っていったと考えられる。

宗教的風流

精進だけが禅の日本的変容ではない。勿論、臨済宗などでも精進修行のパターンにそれほど差があるわけではないが、こちらには道元におけるのとはまた別の禅の変容もあったように思われる。五山文学的なものと言ってよいであろう。夢窓国師の頂像の自筆の讃に「一時風流萬世懡㦬《モラ》」とあるが、風流に遊ぶ（自画像など画いて貰うのは一時の風流事というわけ）自分を否定はしない。しかし同時にこのざまは千世万世の恥さらしなのだと、仏法の前での世間法（自己）の位置づけをしている。ただ、ここにはさきの平行線はそのままにしておいて、両者の間を自由に行き来すること、**超越者との交信を楽しむのみならず、それを見せびらかす姿勢**が感じられる。この讃の筆跡は甚だ高い風格と自在な味を持っているが、これが中国人のではなく、日本人のであることが感じられる。風流という言葉が用いられていること自体、「こころ」の強い凝縮とは相容れない、日本的集団意識が顔をのぞかせていることが感じられる。「もののあわれ」的体質が、この筆跡に丸味とやわらぎを与え、また、仏法と世間法の間を往復する精神の振動によってする、文学的観想の安らぎをも、もたらしているのである（こちらは、求道的な「道」ではなく、茶道のようなアソビ心を伴った「道」の形成にかかわったと思われる）。

「道」

「精進」の右に述べたような意義が理解されれば、「道」の意味も理解され易いと思われる。「道」はいろいろな言葉のあとにつけられるが、単に「道」として、人の道、人の行うべき正しい道など道徳律の意味にもなる。「道」の意味するところは広く雑多であるが、共通の、ある日本的姿勢が感じられる。その姿勢が「精進」から出たものなのである。すなわち、何事につけ日本人があることに努力するとき、その目標は「精進」の場合と同じ、絶対者的な、高次元の、宗教的敬虔性を帯びたものや神秘性を含んだものと感じられる傾向をもち、そのためそれへの努力には、異常な真剣味と、非常な密度がつきまとうこととなる。そしてさらに、「こころ」の凝集的メカニズムによって、さきの二本の平行線でたとえられたものが、ほとんど一本の線にみえるほど接近させられ、「努力の過程」そのものが、絶対者的なものと直結していると感じられるようになってくる。

真剣な「わざ」や「芸」や「作法」の習得・錬磨がそのように感じられ、また日常生活を親孝行をはじめ、もろもろ「心して行う」ことが、高次元の価値をそのままで実現していることになるという、主に庶民道徳一般の「道」にもなっていったのだった。武士道・武道・茶道・芸道、そして儒教道徳も合流してできた「士道」や「道徳」の「道」。これらすべては「精進」の発展的分枝とみることができるだろう。さらに、これらの「道」の「構え」は、江戸中期の国学と結びついて、「まごころのみち」「大和魂」へと、とうとう日本の「こころ」（の凝縮態）自体の絶対化へと到達する。こころの磁場の中で、現実と絶対者との隔絶が連続になり、次に絶対者が「目標」に宿り、さらに「過程」に移り、そしてこのように最後には「出発点」（つまりこころの奥）にまで来てしまった。

勿論ここでは昭和の国家主義時代の大和魂のことを言っているのではない。幕末の、吉田松陰や西郷隆盛に示された、至誠の道としての「大和魂」である。当然それは、純粋に日本産の、平安期時代の「やまとたましい」のような形而下的なものではなく、本居宣長のたをやめぶりの「やまとごころ」でもなく、**超越者の観念を含んだ大陸の宗教や思想を元手にしたものだった。「道」の眼目は、出発点にしろ、道程にしろ、終着点にしろ、どこに意識されようと、結局はこの大陸渡来の理念の日本化にあったことを忘れてはならない。**

武士道・武道

武士はさきに述べたように、こころの収縮によって、禅の日本的変容の素地を作るのに貢献したほどであるから、禅の「精進」は容易に武士道と合体した。そして前々から武士の理想であった、いさぎよく立派に死ぬこと（この観念の背後には、「清く」「さやけく」の日本的美感があるにちがいないと思われるが）、つまり武士道の成就が、禅的精進の目的たる仏道の成就と重なり合い（これに、死ぬことが極楽世界へ往って生きることであるという浄土思想もまじり合ったかも知れない）、「死」が武士の精神の中でほとんど絶対化といえるほどの異常な重みを持つようになり、遂には終点としての「死」が、行住坐臥の中に、道程の中に入りこみ、「死ぬこと」即「武士道的に生きること」即「武士道の完成」という構えに到達することとなった。高次の意義をもった、目標としての死を、今のこの瞬間を生きる我が身に纏ってしまうという驚くべき「こころ」の凝集作用の成果の一つがここにみられる。そして精進の道程であり、日常の現実であった「克己」と、「武技の錬磨」も、目標たる禅的真理と融合し、「武道」の極致として「剣禅一如」の境地が現出する（**宮本武蔵**その他。またその**思想的表現は沢庵和尚**にも）。この「武道」の思想は武士がいなくなった明治以降も生きつづけた。

芸の道

「芸道」の過程は、芸を磨き芸の工夫をすることであり、目標は美の創造であるが、これが「能」では仏教的真理の世界を招き寄せることであり、他の芸道修業（素人の稽古事にいたるまで）や、もの作りの技術修得も、「道」の実践という真剣味を帯びるか、または帯びたかの姿勢を強制される。そして芸やわざの目標やそこへの努力過程の絶対化・神秘化が起こり易く、これが家元制度やこれに準ずる師弟関係の維持にも役立つこととなる。**レヴィ＝ストロースは日本の職人、杜氏や刀鍛冶が仕事に宗教的な**

意義を感じていることを指摘している（出典同前）。

茶道

「茶道」の開祖的な人々が、禅にも深く参入していたことは周知の如くである。そして茶道には、それが社交的芸道であったがゆえに、遊びの要素も入りこみ、五山文学的な、仏教的真理の文学的転換も含まれてくる。さらに幽玄の流れを汲む「わび」の美感も入ってくる。また「和敬静寂」の標語にみられるように、日本古来の清明心につながる「和」をはじめ、儒教的な要素も入りこんでいる。風流としての「茶湯者」の世界が「わび茶」にまで移行するところに、日本的集団意識と同居している「こころ」の様態から凝縮態への転換がみられ、「精進」、そして「道」としての「茶道」への収斂がみられる。

「茶道」は、いわば総合芸術的なものであったがゆえに、その目標とするものに幅が感じられる。最も真剣な姿としての「**一期一会**」では、武士道の死の思想と「わび」の美感が結びついた、極度の「こころ」の凝縮態での交流が理想化されている。しかし茶道は「社交」を離れることはできなかったので（発端が茶湯者の風流という、集団意識のからみ易いあそび事だった）、武士階級の上層部に取り込まれるようになってからは、家臣の位階づけや政治的駆け引きの道具として利用されるようになる。現代でも茶は盛んであるが、開祖達の求めた「こころ」の凝縮という理想がどの程度生きているのか、外部からは知ることがむつかしい。傍見するところでは、「茶」にいそしむ婦人達の服装の華美を競うなどの姿があるようで、社交芸能としての宿命はまぬがれないようである。豊かな現代日本では、「茶道」は再び「茶湯者の風流事」に戻ったかの印象もある。しかし形には心が多少は宿るものである。外国人が

「茶」の作法の中に、日本の「こころ」の理想の気配を感じて、日本理解の一助になれば結構なことである。

道徳の道

いろいろな「道」のもつ「構え」の中に、儒教道徳が入りこみ、江戸時代のいわゆる「士道」として、幕府にとって武士を統制するのに都合のよい道の思想が出来上がり、一方陽明学者による儒教の日本的深化によって、孝行など庶民道徳の「道」化が進んだ。こうして「忠孝の道」が近世日本人の道徳律として確固たる地位を築いた（封建制や家中心の社会制度と調和）。また日常生活そのものに「道」を求めて、「**髪くしけずることも道の成就に通ずる**」ていの真摯な「生きることの姿勢」が、儒者や民間の思想家によって、武士や町人の心を動かしたのだった。ちなみに熊沢蕃山は晩年、神儒合体の思想を説いたといわれる。ここにも、結局すべての外来のものを日本化してしまう「こころ」の凝集力がみられる。

まごころの道

右に見てきたように、中世から近世へと進むにしたがって、精進の「過程」の中へ、もとは目標であった高次元のものが移ってくる様子がわかるのであるが、それはさらに**「過程」ならぬ「発端」にまで移行する**ことになる。つまり「動機」の純粋さに最高の価値がおかれることになる。**吉田松陰が、**高杉晋作その他の人々に向かって、君達は功業をなそうと考えているが、私は「忠義」をなそうとしているのだ、という意味のことを言っているとき、それは幕府の好きな忠義の士道でもなく、儒教の忠孝でもなく（松陰は孟子に傾倒していたが）、全く新しい「こころの価値」つまり「まごころ」を創造していたのだった。**彼はそれを大和魂と呼んだが、**勿論それはさきにも述べたように、平安時代の「やまとたましい」でもなく、宣長の「やまとごころ」でもなく、神代の清明心でもなく、儒仏の理念の、こころの坩堝における完全溶融昇華として、そして同時に「こころ」自体の溶融燃焼の姿において実現したのだった。このような白熱の場においては、具体的なものや観念はすべて分解して、いわばプラズマ状態になってしまう。このような状態は長くつづくことはできないし、**身体的な意味の「生命」と調和していることもできない。**さきの芭蕉のところで述べた「詩人の釘づけ」同様に、危険な、精神の超純粋態である。しかしとにかく、自己の人間性のすべてをこころの奥に凝集して、無私となって燃え上がった精神は、**日本人のこころの奥へ直かに働きかけて不思議な振動を起こさせ、人々を引きつけ感奮させたのだった。**

東西「勤勉」考

「精進」や「道」には、前記のように、一心不乱に行ずる、すなわち精神の集中と、行動としての不断の努力がつきまとっており、そこから当然一所（生）懸命な「勤勉」の姿が出てくる。試みにこの勤勉を、プロテスタントの信仰理念から生まれてきたといわれる勤勉と並べて考えてみよう。

西欧の中世を通じて、神学的思索が営々と行われてきたが、その総仕上げのように、トマス・アクィナスが巨大な知性を働かせて、神と世界について合理的な思弁をいかにつみ重ねても、信仰者としての、修道僧的な、この世におけるstaticな姿勢には中世を通じてそれと同様変わりは出てこなかったとみてよいであろう。しかし、十六世紀に至って、**カルビン**が「自己認識なくして神の認識なし、神の認識なくして自己認識なし」と言い、「自己は神の道具」であると言ったとき、信仰によって神に包摂されていながらも、地上の存在としての自己が、天上の神に、より調和的にあろうとするダイナミックな動きが芽生えたといえるのではないだろうか。中世を通じて、精神が神へ向かって、自己とこの世界とを合理的に包摂させるべく、営々と行ってきた思弁的勤勉が、「自己が神の道具」になったとたん、精神にこの地上の世界への錘りが付けられ、地上の世界を神の国により調和的たらしむべく、現実的勤勉に変化したと考えられるであろう。**こうして、「神の力が、自己という精神によって拡散的に地上の生活に向かって働きかける」ものとしての勤勉が生まれた。**超越的なものと現実的なものの間にあって、自己がスタティックなものからダイナミックなものにまで変化してゆく道元などとの相似関係がここに感じられる。

日本の「道」は、宗教的精進の性質をうけつぎ努力の「過程」に高次元のものが宿るとの信念であり、すでに近世以降、努力自体が人生の最高の価値たりとする精神構造が日本人にゆきわたっていたとみるべきであろう。そしてあの兼好が気づいていた、汎アニミズム的体質からくる、モノへの、異常ともいえる関心、注意の集中が当然これと融合していたであろうから、それは日本人の体質的なものとして、深く定着してしまっていたにちがいない。だから明治の西欧化・近代化以後、「道」の理念であった儒教的や仏教的なものが、だんだん顧みられなくなっても、この一心不乱に行ずる**「一所（生）懸命」精神は変化することなく、日本の近代化促進**に大いに貢献したのである。プロテスタントの勤勉が西欧資本主義社会体制の確立発展に貢献したとするマックス・ウェーバーの説は有名であるが、日本人の勤勉はこの体制の仲間入りをするのに貢献したといえるであろう。両者ともその根源には超越的存在の観念があった。そして西欧の中世や、インド・中国大陸においてstaticなものであった、超越者への信仰とこの世の個人の精神との関係が、一方ではプロテスタントの信仰理念の中で、一方では仏教の日本的変容の中で、ダイナミックなものに変化し、そこから結局「勤勉」が生じてくるところに一種の共通性を見出すのである。

さて、「道」的な勤勉体質を確立していた日本人は、明治からの近代文明化にも、軍国主義化にも、戦後の復興にも、「まじめにやれ」「しっかりやれ」「頑張れ」の掛け声で、傍目もふらずにやってきた。日本人は目的の如何を問わず、「真面目に頑張る」人々であった。経済的大成功の宿願を果たした現在、「真面目」の方はやや影が薄くなった感もあるが、「頑張る」方は、より一層の健在ぶりである。企業戦士は「頑張って」いる。仕事だけでなく、ゴルフやマージャンにも頑張っている。カラオケバーも頑張る人達でいっぱいである。新婚旅行に出発するカップルを送る声にもしばしば「頑張れ」が混じる有様である。日本国自体も国際社会の中で「真面目に頑張って」きたし、今も「頑張って」いる。しかし日本国は、だんだん「頑張る」の別の意味**「頑強に座を占めて動こうとしない」の方で、「世界に頑張る」日本と感じられてきている。日本人は「頑張る」体質の根源を見直して、これの再評価を行う必要がある（ただし、経済大国になった現在では、日本人の外国での経済も洗練され、このような印象もあまりなくなってきたのではないか）。**

インドや中国や回教圏の人々や、またときに西欧人の中にも、「頑張る」ことなく、決して急がず、長い間何もしないで悠然としている姿を見かけるのであるが、日本にもかつて、兼好法師のいわゆる「よき人」として、平安人の間で、何事も熱心にはしない人間の姿の中に、品位を感ずる視点が（鎌倉時代にもまだ）あったのである。「こころ」の凝縮傾向が強まるとともに、日本人はほとんどみな、一生懸命努力人になってしまったが。

第四章　「こころ」の衰弱と日本的自我・「分」の変質

今様は、無下にいやしくこそなりゆくめれ。
——『徒然草』——

一、幕末・明治から国家主義時代へ

究極の「こころ」

近世に入ると、「こころ」は安土桃山時代や元禄期にみられるように、それまでの凝縮的機能の反動であるかのように拡散的エネルギーの様態をも呈するようになる。江戸中期ごろからのいわゆる国学も儒・仏的な「こころ」の凝縮態への反動とみることができようが、国学と武士道精神が結びつくと、「こころ」は、また新たな栄養を得たかのように、その凝集力を強める結果となり、さらに江戸末期の黒船来航に始まる「外圧」なども作用して、「道」は遂にその究極の姿、「至誠の道」「まごころ」「大和魂」などとして、吉田松陰や西郷隆盛らのうちに具現される（結局これが「こころ」の収縮・凝集力の最後の火花だったように感じられる。これ以後「こころ」の収縮傾向は徐々に潮が引くように日本人の間から消退してゆく）。この完全な「動機純粋主義」は、人の心を吸引することにおいて驚くべき力を発揮したが、「道」の初期にはまだ「こころ」の奥に存在していた客観的理念を、日本的こころで完全に圧縮溶解してしまっていたため、外の世界に働きかける構想や理念を示すことができず、旧体制を破壊する力にはなったが、新しい時代の行き先を示すことはできなかったのである。

そして「こころ」の凝縮がこのような極致に達して、自己のうちに取り込んだものすべてを焼きつくしてしまった時、西洋から新しい文化がやってくることになったのは、運命の偶然というべきか、とにかく日本人の「こころ」はこれ以後凝縮磁場の力を弱め、拡散する方向へ向かいはじめたのである。ときどき、すぐれた精神の個人において強い凝縮的磁場を示したりしながらも、全般としてはその傾向はとまることがなかったのである。

幕末の「こころ」

「こころ」の弛緩・拡散傾向と、それに伴う集団意識の肥大傾向は、すでに江戸末期から幕末にかけて(その究極的凝縮の進行のかたわらで)かなり現れていたと思われる。「ええじゃないか」のおかげまいりなる集団はしゃぎ現象や、克己心などの衰退として武士、町人ともども風紀の乱れなどに、それがみられるようである。「道」の道徳も一部では形骸化しつつあったのか、町方の若い者などが、「道」の説教をされると、「ええ久しいわえ」などと嘲弄的に応待するさまなどが戯作者の筆に描かれている。また平賀源内などつとに外国の事情や精神を感じとっていた人間は、例えば茶道などの作法を嘲って、自分の履物を手に持ってにじり口に身をすぼめて出入りするなど男子の所業に非ずというふうなことを書いている。

武士階級でも、特に西洋事情にも通じていた先覚者達は、幕府お仕着せの「士道」を甚だ軽く見ており、**横井小楠**などは刺客に襲われたとき、「武士にあるまじき」町人のような態度物腰で遁走したかどで藩から罰せられている。小楠や**佐久間象山**は、**幕政のあとの新しい日本の時代の指導理念としては、やはり中国大陸古代からの普遍的精神によらねばならない**と考えていたのである。**士道や、国学のやまとたましいや、まごころではどうにもならないことを**直感していた。しかし二人とも結局大和魂的な、偏狭な心の持ち主達によって抹殺されてしまう。

勝海舟はいろいろ評価の分かれる人物であるが、やはり武士道をある意味では軽蔑していたようなふしがある。士などというものは、主君からただで食わして貰って、何もすることがなければ、一生懸命武士道などというものを捻り出す、というようなニュアンスのことを言っている。しかし彼は典型的に克己的な武士道と武道を身につけていたのであり、また西郷隆盛のような「まごころ人間」とさしで大芝居を打つこともでき、全く異質な人間性の西郷を心から愛し尊敬していた。**また彼は下級武士として町人の苦楽を熟知していて、これと共感をもっていた狭気の人でもあり、江戸開城に際して、なんとしても町人に戦禍が及ばぬよう心を砕いたのだった。**「みんな敵（であるのが）がいい」という彼の言葉には、古来の武士道とは一味も二味も違った、人を喰ったようでいて、しかも大いに克己的に凝縮してもいる「こころ」の不思議な味わいがある。そこには**ニヒリズムの味も**まじっているようである。もっとも平生から「死を纏っていた」武士道が、忠義や武士の面目などの「理念」を失ってくれば、ニヒリズムに陥るのは容易であり、幕末の多くの武士達や、いわゆる志士達にもその気配が感じられる。

法螺もまぜてあるらしい海舟の談話集を読んでいると、今日ではあまりに遠いものになった武士や武士道や、そして**家康までが**、身近な存在として感ぜられてくるのが不思議である。また彼はアメリカの地を踏んだとき、それまで間接的に聞き知っていた西洋の、ある本質を直感したと思われる。**「西洋は**

東洋とちがって二本の足でチャーンと立っている」「西洋は倒れないよ」などと言っている。**客観的な精神や理念で成り立ってきた近代西洋文明の本質**を、町並みや、往来の車馬、人々の表情・態度に感じとってこのような表現をしたのだと思われる。「こころ」や「武士道」の、その日暮らしの国から来た人間として。この表現はまことに日本的な心から出たものとして、譬喩が主体的な趣をもっており、含蓄があって、しかも的確に対象の本質を射抜いている点、まさに「武道の達人」的である。ところでその後百数十年、西洋も、革命やら、戦争やら、全体主義の嵐やら、社会主義体制の瓦解からイデオロギーの終焉とやらで、理性の権威も地に堕ち、足元のグラつくこと度々であったが、それでも、やっぱり西洋は二本の足で立っている以外のことはやりようがなく、**日本は寝業・立業とりまぜて、忙しいその日暮らしで**走りまわっているのではあるまいか。

「チャーンと立っている」構えを見てきた海舟は、その日暮らしの日本の中でそう簡単に命を捨てる気にはならなかったと思われる。なにかにつけてすぐ「死ぬ」と言い出した西郷隆盛との大きな距離を感ぜずにはいられない。ニヒリズムを秘めていた海舟が決して死のうとはせず、ニヒリズムとは対極にあった松陰はほとんど自ら死を選び、西郷もいつも死に場所を求めていた。アイロニーを愛する西欧の知性にとっても、「こころ」がその末期近くになって見せた凝縮磁場の綾織り模様を理解することは容易ではあるまい。ともあれ、あの時代は甚だしく異なる精神を同居させたものらしい。幕末・明治はなんと言っても日本人の人間性が火花を発した時期であった。吉田松陰の心がプラズマ状態になったように、この時期、日本では精神界の元素がすべて「発生機」の状態となり、瞬時の化学反応によって、すばらしい人間性を多様に生み出す一方で、(若者は、少年時代から「稚気を去り」、忽ち成熟しまた変身した。まさに**「男子三日見ざれば刮目してみるべし」であった**）、堕落や頑迷固陋もその極に達するなど、中世と近代が同居した西欧ルネッサンスのような感じもあるのである。

この火花は、しかし不思議にも、たちまち衰えてゆき、明治が始まると間もなく消えてしまう。そのことの研究も含め、幕末から明治初期にかけての、人間性の発掘・研究は日本人にとって大きな意義があると思われる。

さて、玉虫色の言動と見られた海舟には敵も多かったが、殺されずに何としても生き抜こうとしたからには、お得意の「機」を摑む間合いだけでなく、ハッタリやゴマカシの手口も大いに利用すべきものであったろう。「後世から見て、何をしていたのかわからぬようでいて、大事を成し遂げていた奴が一番偉いのさ」という本音とも、これまた韜晦《とうかい》のようにもきこえる彼の言葉に、松陰や西郷の動機純粋主義とは対極にあるようでいて、妙に一脈通ずるところもある、弁明なしの成果第一主義が感じられる。**海舟の中には、伝統の理念を軽視しつつなお武士道的に凝縮していた心と、西洋の客観性も理解している鋭敏な精神と、江戸町人のアノミー的に膨張した心情などが同居していて、**いわば時代の変わり目の社会のいろいろな精神を一身に具現した恰好になっていたため、まだその変わり目の延長線上にいる現代の我々の（うちの古い世代）に訴えかける力があるのだろう。

西欧精神の受容のはじめ

とにかく明治の時代は来た。そしてこの新しい体制の運営は、先覚者達の考えていた中国大陸の理念にもよらず、さりとて日本独自の思想として指導的理念になるようなものを感じられなかったためもあろう。またそもそも理念などのようなことから始めるのは日本人の行動パターンでないためもあろう。またウチ集団の勢力均衡の上に成り立つ明治新政府（藩閥政府）には、西欧から輸入した理念をじっくり練り上げる余裕はなく、西欧のいくつかの国家の体制を参考にそこそこ立憲君主国家の形を整え、あとは現実的な対応に次から次へと追われることとなった。なりふり構わず努力して、列強の仲間入りをする必要があった。しかしそれらの経緯を追うのは本論の趣旨でないので一切省略し、「こころ」の様態について見よう。

明治になって、西洋の文物が流入してきた時、すぐれた精神をもつ明治人の「こころ」には、まだ「道」的な凝縮がかなり強く残っており、集団意識の肥大も少なく、西欧の客観的精神の受容がよくなされたと思われる。西欧の宗教、文学、哲学とも、明治人の日本的受容が、その後に比べ、最も包括的で大型であるのは一見不思議にみえるが、その理由はここにあると思われる。新渡戸氏の『武士道』にしても、福沢諭吉の『文明論之概略』にしても西欧《せいおう》の伝統文化を根本からよく理解した立脚点を持っている結構《けっこう》な書物であり、沢山の版を重ねて日本人に読まれたのである。そこにつどう宗教家、文学者、哲学者を眺めてみても、**内村鑑三においても、鷗外、漱石においても、また西田哲学においても、**当初から、また人によっては内面的な深まりが進むにつれて、武士道や東洋思想の要素が漂ってくるのがみられるのである。やはり伝統的な理念を核としての「道」的な「こころ」の構造がそうさせるのであろう。

ただし、この西欧精神が、日本人のこころに深く取り込まれて、後にあらためて日本的な変容を受けるという、儒・仏の思想の場合のような過程にはならなかったと思われる。明治とともに直ちにそうならなかったのは当然としても、その後、こころの以前からの伝統の理念の核が弱まってきてからも、現在に至るまで、その過程は起こっていないと思われる。

日本人の精神の近代化？

要するに、西欧の精神（単なる抽象的意味でなく、日本のこころと同じような意味で西欧の文化を生み出し、支える力として、歴史的に発達してきた継続的な総合的生命体としての精神）の日本人としての受容は、明治期が頂点であったと思われる。文学や宗教だけでなく、制度文物全般にわたって明治人は、その受容を高度に達成した。ただ、この総合的な生命体としての西欧近代精神は、日本でも明治よりはるか以前に、すぐれた精神の人によって理解されはじめており、すでに一七七一年（『解体新書』にとりかかる）杉田玄白は、西欧近代の実証的精神に感嘆し、その本質への開眼をしていたと思われる。約百年後の幕末・明治の知識人が、西欧精神を十分理解し、取り入れたのは当然であった。この西欧近代精神の生命力は、本場のヨーロッパで、十九世紀後半から徐々に弱まりの徴候を見せはじめてはいたのであるが、明治のころにはまだ十分その影響のエネルギーを保っていたのである。

明治期、ひとたびは、武士道的に、克己的に凝縮した「こころ」の力によって、日本人の精神に、西欧の精神・文化が受容されたのであるが、この一応の成功が、日本人は西欧の精神や文化を根本的に理解し、自己のものとなしうる能力があるとの錯覚を、日本人に持たせることになったのではないかと思われる。しかし実際は、伝統の核をもつ「こころ」の構造の中へ、西欧精神の要素が混合し、この東西共存の中で、伝統の核の軽視や無視がはじまり、それによって「こころ」の凝集力が弱まってゆき、

「こころ」の構造も曖昧になってゆくにつれて、**日本人は、一度は根づいたかにみえた西欧精神の根をだんだん浮き上がらせてゆき、その後の継続的な西欧文化との接触にもかかわらず、日本は断片的に、または表面的にしか西欧の精神を保持しなくなってゆく**（本場ヨーロッパでの西欧精神の衰弱の徴候が、このことの原因であるとは思えない。西欧と接触して日の浅い日本が、〈西欧人自身のように〉西欧の精神の歴史を、共に歩むわけもないのだから）。この傾向は大正から昭和へかけてずっと続き、**一時期の、日本古来の伝統的理念の意図的な掻き立てや、敗戦に際してのそれの突然の放棄などを経て**「こころ」自体も、衰えてゆくことになる。

狭義の心、広義の心などという言葉が生まれてきた。狭義の心が凝る実体として感情や欲求の方面であり、これに精神が加わって広義の心をなすという、近代化後の日本人の、心に関する観念（ある程度定義のように辞・事典類にも記されている）の中に、凝る心を幾分低次元のものと見、これとは別に日本人の「精神」が、近代西欧精神のようなものとして、十分機能し得る、ないしすでに機能しているとの前提があるように見えるが、「道」的な理念が古いものとみなされ衰えていったことは確かである。しかし、その代わり（あるいは共存でも）、新たに西欧精神の核をなす「ロゴス」的なものが日本人の精神全般に深く根を下ろしていったという事実はないし、日本人が、これを「道」的な理念の代わりに「こころ」に取り入れて、新たな精神となった（新しい独自な精神的メカニズムを持った）ということもないのだと思わざるを得ない。このことは、**後に高度経済成長の終わりのころ**、「こころ」の古来の伝統の核がほぼ消失してしまったとき、**日本人には、ほかになんら精神的実体がなかったという形であきらかになる。**西欧の精神からは、知識や合理的・科学的思考法などを取り込んだにすぎなかったのである。結局は、このようにして、**近代化後の日本人には、まとまった精神、すなわち、核と構造をもつ、独自の原理で働く精神が存在しないという状態が生じた。**そして「こころ」は残骸として感情や欲求などの面で、若干凝集の磁場の力を示す形で生きつづけることになる（これに前記の狭義の心という位置づけがなされる）。日本人の精神は雑多な成分の混合物となった。断片的に、御都合主義的に生きつづける「道」的な道徳律、情緒的なまごころ主義、瞬間的に取り込む力として残存している「こころ」、西洋の知識、断片的な西洋の価値体系などなどの混合物であり、場合により、状況により、その混在のまま、あるいは各成分が交互に前面にあらわれるようなことになる。**近代化以後の日本の民衆も知識人も、ほとんどがそのような雑然たる精神の持ち主となっていった。**

近代工業文明化の成功

日本の近代化は、「精神」の点ではそのようなものであった。しかし、大昔、アニミズム的信仰が消えても、アニミズム的体質が残ったように、「精進」や「道」の理念は消えても、その体質は残り、「勤勉」として、資本主義体制を取り入れての日本の近代化に甚大な役割を果たした。さらに汎アニミズム的体質の持っている「モノゴト」への働きかけの愛着、キメ細かさなども有利に作用し、明治人の敷いたレールに乗って、西欧の知識、体制、学問的方法、特に自然科学、技術の速やかかつ徹底的な取り込みが驚くべき能率で成就した。これが日本の近代文明化であった。**そしてこの工業文明化と、「こころ」の無力化から、日本人の中に集団意識の膨張が急速に始まってくる。そしてこの状況が、国家的野望、または一部の権力掌握者によって利用されてゆく。**

日本の近代文学

近代化とともに、西欧の文物とともに、文学も知られるようになり、日本の文章芸術家が、これを自己の文学的手法や理念として取り込んだことは当然であるが、ここにおいても、明治期の文学活動において、「西欧の精神も理解する日本知識人」の原型となった、包括的な、大型の文学的成果がみられるが、その後は、前記のような、日本人の精神的状況の中で、人間性の客観的な新しい解明、人生知の発見など文学の一義的な成果はあまり見られなくなってゆく。日本の近・現代文学は、西欧の思想や思考法などを借用はしているものの、情意の方面でより強く残存している「こころ」の産物である面が強い。日本文学は、日本的な情緒・感覚や、趣味による色づけが本体なのであると思われる。また「道」の精神構造も尾を引いていて、芸そのものの錬磨の中に高次の目標がおかれること、**日常生活そのものが高次の意味を持ち得ることなどの観念が、日本人の文学的「精進」や「私小説というジャンル」を支えている。私小説では生活自体の、いや生活に対する気の持ち方の凝縮度が問題とされる。**また私小説以外でもその傾向があり、言語の練達や心象の凝縮度が高いと、よしとされる。文学は日本では近代化後も「芸道」の要素が強いのである。甚だしきは、人生に関する知慧とか、人間性に関する発見など、内容の方は全く空疎でも、軽業のような言葉の上の技術が評価される。軽業のような言葉の術というと、テオドール・ド・バンヴィルなどが思い出されるが、彼の肖像画的な描写を読んでいると、たしかに軽業的であり、外面の描写に徹しているようでいて、人間の形姿が明瞭に浮かんでくるのみならず、容貌に刻印された背後の人間性が厚みをもって感じられてくる。単に描写の術の問題ではなく、描かれる人間の個が日本とは異なったものであるので、空しい軽業に終わることがない。日本では、西欧の文学作品のような格調に達して云々というような評語がある。西欧の客観性に浸透された文体・内容を創り出すことが困難であるが、それに到達したいという願望は強い。

次に、元来文学における「批評」は、ある理念に貫かれた、客観的知性の活動でなければならぬ筈であるが、日本の文芸批評は、文学作品と同様に単なる「たゆたい」であったり、また「こころ」という特殊な精神的メカニズムによる、不思議な芸当のようなものとなる。つまり、西洋・東洋の過去現在を問わず、文芸、美術、音楽など、なんでも手あたり次第に感じたことを「こころ」で受け、これを「じっくり変容させる」のではなく、瞬間的に「こころ」の磁場の歪《ひず》みを刻印し、エイッという気合もろとも外へ放り出す、という一種の居合術のようなことが、日本の近代批評として流行した。日本人はこういうものを、剣禅一如の宮本武蔵を崇拝するように、神格化して崇拝する趣味がある。単に歪みガラスを透して、芸術や思想を眺めなおすだけのような、この趣味は日本人にしか通用しない。

このように、日本の文学は、「芸道」や「わざ」の伝統の尾を引いており、「道」のところで述べたように、家元制度やそれに準ずる師弟関係に似た構造も現れやすく、神格化された大御所や老中、旗本、御家人などを含む文壇や、何々派、何々文士など、一種のウチ集団の気配をもったものが存在する、あるいは存在した。しかし今やこの構図は崩壊しつつあるようにみえる。二十一世紀に至っては、殆ど崩壊したか。

集団意識の国民的膨張

まとまった精神の核をもたなくなった日本民族は、昭和ごろから一部の野心家の国家権力掌握によって、集団意識がらみの煽動的・国粋的理念（むしろ標語）が打ち上げられると、あっさりとこれに乗せられてしまう。大御所や老中職も、また文学的芸道も批評的芸道もこういう事にはほとんど抵抗を示さなかった。文学とは人間的なことに関するゾルゲ（配慮、心配）であると今世紀の西洋の大作家は言っているが、日本の文学にはこれとは別のゾルゲがあったのだろう。日本の敗戦後も、大老や老中は依然として長い間その座を占めていたのである。

多少の抵抗もやすやすと突破した野心家達は、日本人の集団意識を利用し、アジアの周辺へ襲いかかることとなる。過去二千年間、日本人は特定の階級や集団として集団意識を暴発させることはあったが、日本民族全体としてはこれが初めてだったのである。この集団意識の暴発の中で、数々の蛮行と悲惨がアジアの地を荒しまわり、また大和魂をはじめとする国家お仕着せの理念が次々とでっち上げられ、国民を踊らせたのだった。ほとんどの知識人もそうでない人々も、いわゆる**「一億一心火の玉」**になったのである。この民族あげての集団意識の膨張は、**一九四五年の敗戦によって一度中断されたかのように見えるが、実はそれほど凹んだわけではなく、中味を変えつつ今日まで続いている**とみなければならない。**この辺の議論は重要なことを含んでいるのだが、日本は反省を含めてこの議論に立ち向かったことはなく、エリートも、一般の人も平気な顔をして自分の仕事だけ熱心にやっている。ジャーナリズムも政府も日本人の組織である限り、「自分の仕事だけ熱心にやる」以上のことに、歩を進めることは、まず出来ないと言ってよいであろう。**

こころなき時代へ向けて

とにかく日本の庶民が、戦中戦後の困苦欠乏や肉親を失う悲しみに耐えてきたのは、国家お仕着せの理念に支えられたためではなく（子供以外は。そのような振りはしていたが）、もはや「道」の精神力でもなく、ひたすら集団に従順であるよりほか考えも浮かばない、日本人の精神的空白のためであったと思われる。そして敗戦による、国家主義から民主主義への、びっくりするほど従順な移行も、この精神的空白の中で起こった。ただこの空白の方は、**復興への集団意識膨張で、**たちまち埋められてしまうのであるが。

こうして昭和という動乱の時代に、標語として大和魂が叫ばれた分だけ、ますます「こころ」は衰退させられてゆく。それがゆくところまでいったのは、高度経済成長のときであった。すなわち、「こころ」の集団意識膨張がらみの無力化が、国家主義時代、戦争中、戦後復興期にかけてどんどん進行し、この高度成長のころに、「こころ」は伸び切った古いゴム風船のように、再び収縮する弾力を失い、その残骸を日本人の中に残したまま、働きとしてはその寿命を終えてしまうことになる。

二、第二次世界大戦終了後から高度経済成長期にかけての日本人の根本的変化

日本的な「自我（心理学概念の）」すなわち「分」

一九六〇年代の、いわゆる高度経済成長のころにすでに成人しており、社会を観察する注意力をもっていた人々の多くは、このころに、日本人が、何か根本的な変化または変貌をとげたという印象を持っ

たであろう。この変化を強い違和感として受け取り、それが未だにつづいている人も、結構な数で居ると思われる。この変化の本質は何だったのであろう。さきにも述べたように、「こころ」の衰弱もすでに長らく以前から進行しており、そのほぼ完全な機能消失・無力化も丁度このころに起きたと思われるが、日本人が急速に変化した印象の直接の原因は、日本人の「対世間的な自意識」の、深いところからの急激な変化だったと思われる。「こころ」の徐々たる衰弱や機能消失だけでは、当時の急激な日本人の変化は説明できないであろう。この「深いところからの」変化とは、結局日本人の「自我」の変化であった。後述するように、日本人の自我を「分」と規定し、この「分」を軸として、第二次世界大戦終了から高度経済成長期へかけての日本の精神的状況・世相を考えてみたい。

西欧型の個人の、対社会的自意識や内面の個人史の構造の総体（心理学で言う「自我」）と、日本人のそれは、ここまでにずっと考察してきたことからも、甚だ異なるであろうことは容易に想像される。**日本人は自己のことを、特に他人を意識して表現するとき、「自分」と言うが、これは期せずして日本人の自我を適切に言い表し得ている。**日本人は、自己を、天地とか、あるいは神など、抽象化されたものや絶対化されたものなどの前に投げ出されたもの、その前に独りで立つものとは感じておらず、人々の集団に属したものとして感じ、自己はその集団から一部を「分け」てもらって「自分」を成すものと受け取っている。集団とは家庭や仕事上の所属集団や日本という国などであるが、これらをまとめて一般的に「公《おおやけ》」とか「世間」と呼ばれているものである（公は江戸時代以後、日本人の集団依存性を利用して集団の権威化により、国民を統制する力となってきた）。公は勿論、世間も往々世間様といわれるように、自分の上にあるものとして意識されており、「自分」は公や世間から「分けて貰った」「分」

としての自己の持ち分ということであった。

したがって自分の「分」は、西洋の心理学概念としての「自我」のように、幼時から、個の意識を持たされ、それを核として、体験、学習、挫折、達成などを繰り返すことによって、織り上げてきた個人史の意識体系というような表現ではぴったりあらわしにくい。勿論日本人がそのような実質を全く持っていないわけではなく、特に西欧的精神を強く持っている日本人では、この西欧型自我に極めて近い形の自己である人も多いのであるが、それでも全く同じということはあり得ず、大部分の日本人は、西欧型の自我の構造を部分的ないし断片的には持っていても、全体としては次に述べるような「分」構造による自己否、自分なのである。

自我には、個人史の総体としてのエゴ（ego）の面と、各瞬間ごとの、対社会的な自己統合機能意識としてのセルフ（self）の面とが考えられるとされるが、日本人の「分」は、エゴ的な部分も、集団との関係の集積体という様相が強い点で西欧型とは異なり、セルフの機能が強化され拡大されている点が甚だ特徴的と言えるであろう。そのような性質をもった日本人の自我に当たるものを「分」、「自分」と規定することとする。

「自分」は、世間という現実の人々の集団が権威化されたものとの関係においてのみ成り立つ意識であり、分け与えられた結果としての「分」であって、天地や超越者の前の個としての、生きる根拠とか、自己の立脚点など、自己形成の出発点という意識を含んでいない。したがって日本では善悪の基準も、世間とその分け前としての自分との関係において、結果としてあらわれたものについてなされ、いわゆる恥がその基準となり、動機への問いとしての罪ではない。恥にかかわる「自分」は全く形而下のものでしかないのに、罪にかかわる「自己」はそれ以上の観念を含んでいる。西欧では現代、仮に宗教が直接自己の精神を支えているという状況は少なくなってきているとしても、自己という自意識のスタンスには伝統的なこの構造が残っていて支えているのである。

「分」が集まって作るジグソーパズルの風景画——日本の世相

集団からの分け前としての自分意識を持ち、各々ふさわしく集団にぴったり和合している日本人個人個人の「分」は、各々形や大きさの異なる破片が寄木細工的にすきまもなく集まって、ある風景や事物を描き出しているジグソーパズルの、その各々の構成単位のようなものである。ひとつの単位の凸部分は、隣の単位の凹部分に喰い込み、各々複雑な形をなし、大小さまざまで一つとして同じものはない。日本人の複雑な敬語表現の体系、また日本人のお辞儀やスマイルに、この「分」の本質と、各「分」間の相互関係が示されている。そして「分」をこのように安定した形で全体の中に位置づけておくのに「こころ」の抑制的・克己的・凝集力が大きな役割を果たしていた。「分」には求心力が働いていたし、またそれが必要であった。和順と謙遜が、日本人の全般的共通的スタンスであった（いつのまにか語尾が過去形になったが、間もなくこの「分」もジグソーパズルの画も一変するからである）。

もっとも、この自分の「分」は、創造的な精神によっては、常に踏み超えられたし、また社会の変動期にあたっては、「分」を超える精神的エネルギーが次の時代を切り拓いてきたのである。しかしそのようなことは例外的な現象であり、集団と自己との関係を規定する「分」の拘束力は常に根強いものであった。

こうして各人の平時の安定した「分」が集まってジグソーパズルが完成し、そこに現れてくる風景画や物事の形姿、それが日本の世相・風俗であった。

第二次世界大戦終了・日本の敗戦後から始まる「分」の変質

ところが、日本のこの伝統的・自意識的自我たる「分」は、敗戦から高度経済成長にかけての時期に、決定的な変化を起こすことになる。

敗戦によって民主主義の体制が日本に課せられた。この民主主義の理念の中の「人間の平等」は、個人が生きてゆく権利において、努力する基盤やチャンスにおいて、平等でなければならぬということであったが（「自己」の論理）、日本人はこれを「分」として、分け前としての「分」が平等でなければならぬと受け取ったのである（政府や識者がどう考えたにしろ、庶民はみなそのように受け取ったのである）。世間から分け与えられる自己の分け前が、結果として平等でなければならぬと感じること、結果としての地位や財産や学力や権力などが平等であるべきだという考え方・感じ方（現実にそんな事態は起こり得ないが）、これは結局、精神的能力や趣味や所有物まで含め常に他人と自分の持ちものを見比べてその差に敏感であることであり、**自分側の少しの凹みも許せない気持ちであり**、さきの例の、ジグソーパズルの各構成単位が、みな同形でありたいと主張し始めることであった。すなわち、いわゆる「悪平等主義」の主張へとつながってゆく。敗戦後の日本の社会体制の再構築にこの「悪平等主義」は大きな影響を残した。社会制度への影響だけでなく、この「分」意識の変質は、結局明治以後、西欧の文物や知識や思想や、また残存している日本の伝統の「道」的な観念や国家主義思想などの断片でにぎやかに、しかし中途半端に飾られていた日本人の内面・精神の貧しさの自覚を、一層麻痺させることになった。多くの日本人が、他人と比べて外見が整っていれば中身のことは気にしない、または気がつかないという人々になったのである。

次に、民主主義のもう一つの理念、主権在民を、日本人の「分」意識は、**自分の上に何もない、自分がすべての中心である**というふうに受け取った。こうして公や世間という自分の上にある存在は否定され、自分が一番上の価値基準になることであった。この自分中心の自意識は、経済の復興が進み、富というものが、国民全般の上にやってきた高度経済成長期に、さらに強くなった。誰もがある程度の経済的余裕をもち、他人に負けない物質的状況（衣食住、耐久消費財などで）を持てるという自信によって「分」意識は大いに高揚した。元来「分」は他人との関係を強く意識する性質の自我意識であり、エゴよりセルフの機能へ大いに偏っているものだからである。

「自分」が世界の中心

丁度そのころ「**二人のため　世界はあるの**」という歌詞を含む愛の歌がヒットした。これは小さいながら象徴的な事件だったと思われる。**このような形で自己の立場を宣言することは、有史以来日本人は決してしなかったことなのである。遂に公や世間様は完全になくなってしまい、「分」は、分けて「貰う」分ではなく、「分取る」分になったのだった。この自分中心主義は、日本的集団意識に浸透されており、世界への客観的受容の感覚を欠いていたから、幼児の自己中心性に近い性質のものであった。これ以後、大勢として日本人の幼児的自己中心性は不変のままのように思われる。**この幼児性をつき崩す力としての、外界の厳しさとの直面も、こころの凝集力も、日本にはなく、一様に「赤信号みんなで渡れば恐くない」式の、日本的集団意識の紡ぎ出す「まゆ」の中に日本人が住むようになっていったからである（後の、感性を得意とする欲望全開型人間も、その多彩な才能や教養にもかかわらず、幼児的自己中心性を漂わせている場合が多いのである）。もっとも自分からこの幼児性を宣言したのは、このヒット曲をもってはじめてとするが、すでに敗戦直後、**米軍マッカーサー元帥によって、日本人は十二歳民族であると定義されてはいた**のだが。しかし、そのときはまだ少なくとも十二歳であった。その後こころの衰退や集団意識の肥大に伴って毎年一〜二歳ずつ幼稚化し、一九六〇年代に丁度幼児になったわけである。

自尊の意識

自分の「分」意識は、高度経済成長時代の一時期、異常にそのセルフの感覚を鋭くし、「分」が他人と同じでなければ承知できず、日本人全般に「自尊」の気持ち（自尊心ではない）が異常に横溢したのだった。耐久消費材の購入にしても、無理をしてでも、「人並み」にすることが最大の関心事であった。負けることは「自分」が許さなかったのである。そのころ、街角でのちょっとした、タバコなどの買い物のときの、**売り手の「有難うございます」が急速に消えてゆき、無愛想からさらに仏頂面へと変化する様相を人々は感じとったにちがいない。タクシーの運転手の無言・無愛想も**このころから始まった。客と売り手というような、ちょっとした瞬間的な上下の立場の感覚にも、このころの日本人の「自尊」の自意識が反発したのである。**要するに自分はどんなことがあっても社会的に「下」の立場なんか**

じゃないんだという気持ちでいっぱいになり、そうでない姿勢で臨んでくる者には、思い切り仏頂面のケンツクを喰らわせてそれを思い知らせてやらなければならなかった。

この世相人情の変化には、普通考えられるように貧しくなるにつれて気がすさんで起きたのでなく、豊かになるにつれて起きたところが、日本独特である。**「衣食足って礼節を知る」と教え給うた中国の賢人も、日本人が「衣食足って礼節を蹴とばし始めた」のには仰天し給うたに違いない。**

そのころ、外国へ駐在員などとして出かけていて、一、二年毎に日本へ帰って来る人は、帰国の度毎に、確実にギスギス度が増して、街頭や駅頭での「有難う」の消えてゆくのに驚いたとのことである。そしてこの平等主義というよりは、「負けてなるものか主義」の精神が燃え上がっていたころ、日本人の服装や外貌から、ある「ケジメ」の感じが消失していったことも、注意深い観察者は知っているだろう。

日本人の外貌と世相の変化

それまでの日本人の「分」の意識は、世間の中での、自分の立場、位置、役割、階層的順位などを自分に与えられた「分」として、ふさわしく、謙虚（内心はとにかく、一応うわべは）に認めているところから、服装・態度・表情にそれが自然に表現されていたのである。だから外から見て、この人はどんな職業で、どんな階層で、どんな姿勢で生活しているかという、社会的役割がおのずからわかったのである。そしてそれらの「分」の集まりとしての世相が、風景としていわばジグソーパズルの絵を作っていたのだった。ところがこのジグソーパズルの構成単位としての、**さまざまの形をしていた「分」が、**

さまざまの形や大小の差のあることを突然拒否し始めたのだ。この高度成長の時期、無愛想のひろがりとともに、この社会的役割の「ケジメの感じ」が消えていったのである。外から見たのでは、どんな生活を営んでいる人か、何をやっている人か、どんな商売の人かもわからなくなっていった。わずか二、三年の間に、民族全体の風采が根本的に変化するというのは大変なことである。明治の開化に際してのちょんまげの消失や洋服の出現があった時でさえ、このような人間の根本的な変化の印象はなかったと思われる。町人、百姓から士族に至るまで、外観が「分」の「個人史」を語っていた筈である。ところが、高度成長の時期、この個人史が見えなくなってしまったのである。そして同時に、当然ジグソーパズルの絵も分解消失し、いわばそれまでの日本の世相としての、いろいろの絵がみんな見えなくなってしまった。日本人は、**全体として一つの巨大なノッペラボウ**になったのである。

卑しさの発生

個人史に依存していたケジメの消失とノッペラボウ世相の出現と同時に、もう一つ不思議なことが起こった。服装などの質が全般に上等になったにもかかわらず、**否定し難い「卑しさ」が、日本人の外貌風采全般をおおっていった**のである。

当時の日本人で見られたケジメの消失と卑しさの出現は表裏一体のことと思われるが、これを根本から理解するには、いわゆるアイデンティティーの観念もからめて考察する必要がある（以下前述との重複もあるが、論旨の出発点として記す）。

個人のアイデンティティーは、西欧型の「自己」においては、外界と自己の精神（自己統御機能としての）との相互関係で築きあげられるが（生活史を通じての学習、成功・失敗を含めての体験の内化によって織りあげた意識の秩序体系として形成される。これを心理学では自我egoと名付け、このegoを主に対外的に調整し統御する機能の方をself〈自意識〉という）、日本の「自分」のアイデンティティーは、主に集団（所属集団・世間・公）と自意識（self）との相互関係で形づくられたもので（築きあげたものというより、分け前的に増やしてきたものとして）、主に「分」にあつまっている。そして「こころ」が奥でこの「分」を統御している。だからこころの力が弱まると、分にあつまっていたアイデンティティーが曖昧になってゆく。

今、仮に、西欧型の「自己」が、それまで築いてきたアイデンティティーを放棄する気持ちになって、新たな（例えば新興市民階級の者が貴族の）アイデンティティーを身につけようと願望したとすると、即席に形成されるものではないアイデンティティーの本性からして、当人は暫時真のアイデンティティーを失った恰好となり、放棄した古いものと願望した新しいものの、断片的な曖昧な混合物として、あやふやな、正体不明な卑しさを漂わすことになる。

さて日本型の「自分」におけるアイデンティティーは、精神と社会全体との関連で、闘争的に、精神の統御の下で築きあげてゆく「自己」型のアイデンティティーに比べると、個人史の意識体系の織り目がそれほど緊密でなく、芯から糸を織り上げていったというより、布をふんわりと積み重ねていったという感じに近く、元来変動し易い性質をもっている（「道」の理念が生きていて「こころ」の凝集力・統御作用が強く働いていればそれを防ぐ。さきにも触れたように、江戸から明治期への開化に当たって、日本人のアイデンティティーはそれほど大きな変動は受けなかった）。

高度成長期に日本人全般に起こった自尊の気持ちは、まず各自がもっていた今までの「分」のアイデンティティーを否定し、各々独自の「形」をもっていた「分」をみな同じ「形」にしてしまおうとし（悪平等志向）、しかもその「分」をできるだけ大きく膨張させようとした（上昇志向）のであった。それは古いアイデンティティーを放棄し、新しい大きいアイデンティティーを獲得することであった。そして、「こころ」の無力化のため「放棄」の方は簡単に進行し、古いアイデンティティーはたちまち影が薄くなった（ケジメの消失）。そして一方、獲得すべき新しい大きいアイデンティティーとは何だったのだろう？

それは、日本人の精神的空白として度々述べてきた、ごちゃまぜの混合物（ごく最近仕入れたものも含め）の中から、上等そうにみえるもの、西洋風にみえるもの、豊かそうにみえるものをとり出して、これを願望の対象とし、新しいアイデンティティーと見なすことであった。それは明確な輪郭を持った心象ではなかったし、伝統の力によって支えられてもおらず、洗練された趣味感覚も欠けていたから、**場末の盛り場の満艦飾**の域を出るものではなかったのである。「自己」型のアイデンティティーの曖昧化や両義性からくる卑しさには、本来の（古い方の）アイデンティティーが、まだ力を持っているので、新しいものとの間に緊張関係を生じ、本人の心中に不安や緊張感をもたらしているが（「俗物とは何か？　恐怖と希望でいっぱいの、空ッポの腸だ」――ゲーテ）、「分」型のアイデンティティー転換では、古い方のは簡単に消失してしまうので、**内面の緊張が生ぜず、新しいものの輪郭の曖昧さと、「まだ自分の中に根を下ろしていないこと」とによって卑しさが生ずるが、そこには不安や緊張はなく、自己満足的な甘さを伴った、しまりのない卑しさとして出現する結果となったのである。**

ここでなお、参考のため、アイデンティティー転換を生計の具とする姿を考えてみよう。**まず詐欺師においては**、本来の自己のアイデンティティーを隠して、他のアイデンティティーを仮面のように身にまとうのであるが、ここには内心の不安・緊張が高まっている。そしてアイデンティティーの両義性からの、あやしげな感じが、眼光の鋭い人によって見破られることがある。次に、**幇間**という職業は、客の好みに合った一つのアイデンティティーに瞬間的になりきってみせる芸である。ここには機知・機転・洞察力の真剣な働きがある。両者とも「精神力」を必要とする。

その後また何年か経って、経済大国となった現在ではどうであろう。「分」に集約されているアイデンティティーは、曖昧な満艦飾的なものではなくなって、整理もされ若干形をなしたものになっているらしい。輪郭がはっきりしてきて「自分」への定着も、それなりに根を下ろしてきつつあるらしい。しかし集団意識がらみの幼児的自己満足は根強く残っているから、卑しさはいくらか減った様子も見えるが、**「甘さ」と「安っぽさ」はなかなか消えない**。

豊かな総中流意識社会へ――外見主義

あの「負けてなるものか」の自尊の雰囲気と、それに伴う表情や行動上の異変は、高度成長の、日本全体をまきこんだ醗酵が収まって、いわゆる豊かな社会が実現してからは鎮静し、現在はそれはほとんど姿を消し、街頭のちょっとしたやりとりでの「有難う」も回復している。ただし、「分」の差を認めていた時代のそれとは本質的に変わった。丁寧に、礼儀正しくではあっても、昔の「謙遜と親しみ」をもった印象は永久に失われたといえよう。今ではむしろ欧米型に近い、社交的・外向的な感じになったといえる。これは、例の、ジグソーパズルが、ばらばらになって、日本人の「分」の相互の距離が大きくなったためであろう。そして今、経済大国の「分」は、平等を求める分からさらに「差を求める分」になったらしい。**「自分らしく」という言葉は、昔は謙遜の意味に使われてきたが、今は他人との差をもった自分という意味で使われるようになった**ようである。

「自分」はもはや世間から分けて貰った自分ではなく、「分取る」という高度成長期の、りきんだ「分」でもなく、当然与えられるべく与えられた「自分」として、**特に努力などしなくても自然に他人とは差のある、そしてできれば「素敵な」価値をもった存在としての自分である、**という自意識の表現になったのである。ここに至って、明治以後だんだん進行してきた日本人の内面の貧しさに対する無感覚はその頂点に達したと思われる。元来形而下的であり、結果主義的であり、内的価値より外的価値に重きをおいているのが「分」意識であった。「ボロは着てても心は錦」というのは、ボロである「分」に悔し涙を流している負け惜しみの言い分であった。しかしとにかく心があったので、そこに錦を着せるという手掛かりがあった。「分」の不足を心が支えていたのである。貧しい人々もそのようにして、人間としてのある誇りからくる品位を持っていることが多かった。しかし**今やこころがなくなったので、なにがなんでも外見の錦が必要になった。**こうして**「恰好よさ」が、人間評価の極めて重要な尺度になった**のである。

このように言うと、それでは日本人以外の民族では庶民もみな内面性が豊かで教養に溢れているのかと反問されるかも知れない。別に教養とか知識とかは問題ではない。自己の感覚で受けとり、自己の頭で考え、自己の体験としたものを自己の言葉で語るというだけのことである。日本人よりは外国の方にこういうタイプの人々が多いように思われる。そういう人と話をすると、人と対話をした、同じ人間だが別の心の体系をもつ存在と触れたという刺激・面白さがある。日本人ではこの刺激を与える人が少ない。同じような類型的な表現や漠然とした言葉の断片が出てくる。別の「体系」というものが感じられない。昔から日本人は集団の中に埋没して暮らすのが肌に合っているため、どうしても独自の意識の体系をもつことになりにくい。**日本人の遊びも、同質者同士での（言葉による）撫で撫でごっこ、抓《つね》りっこ、押しくらまんじゅう、からかいごっこのような皮膚接触刺激によることがほとんどであった。**今の、カラオケ、マージャン、ゴルフも、心理的レベルでみると、その本体は右のもの以外ではないようである。

「こころ」の消失

明治期の西欧との接触によっても、戦争による国民的団結によっても、民主主義の理念の導入によっても、結局日本人は、伝統の「道」に替わるべき「こころ」の核を形成しての凝集構造を作り出し得なかったため、めまぐるしく変転する時代の中で、「こころ」は徐々に凝集力を喪失し、形骸化していった。一方日本的集団意識は、高度成長に伴う生活の満足感を基盤とするはしゃぎ的集団意識に乗ってさらに膨張をつづけ、豊かな経済大国、一億総中流意識社会の到来とともに、日本的内面性の器官であった「こころ」は遂に拡散・消失してしまったのである。**ここに日本人の精神は伝統の構造を失って、知・情・意の三分枝と日本的集団意識・汎アニミズム的体質という基盤的なものだけの、ある意味で原始的な状態になったのだと思われる。**

個に及ぼすすべての求心力の消失

以上、求心力をもって差異化していた「分」と「こころ」の働きの消失ということは、伝統的な、すべての日本文化との訣別ということである。日本人は今までの日本人とは一線を画すことになるのである。個に求心力を与えていたものが、外としても（公、世間）、内からも（こころ、道）消えてしまったのである。この人間の根本的変化は、明治の近代化の当初は、階級制度の大変革や生活様式の変化にもかかわらず僅かしか起こらなかったが、その後だんだんと加速度をつけ、戦後の復興（ホップ）、高度成長（ステップ）、そして日本の経済的大成功のジャンプという具合に、三段跳びで成就したという次第である。三段跳び後の新しい人間像の検討は後に行うとして、この根本的な人間性の変化で失われたもののうち、外からすぐ気づかれるものを記してみる。

○「分」に働く求心力がなくなって、「分」が膨張的に変質してしまったので、日本人の伝統的雰囲気「謙虚さ」「おだやかさ」「物静かな態度物腰」が消失した（その代わり著しい傲慢や卑屈もあまり見られなくなった）。

○「心」が無力化したので、その収縮力から発していた、男の「風格」「強さ」、女の「気品」「優雅さ」「やさしさ」が消失した。

○「心」の深さから漂ってくる、男の「人間的魅力」、女の「奥ゆかしさ」が消失した。また風格や魅力とまでゆかなくても、日本の庶民が持っていた、洒脱な味、頑固一徹の味、とぼけた味、きゃんな風、イキな風情など「味」というものがなくなった。それと引き替えに、かつての貧困に伴っていた心身のおぞましい歪曲や惨めさもなくなったわけである。

○「こころ」で引き締められ、「分」で彫琢されて、真珠の首飾りのように、つぶらかに美しくつながって繰り出されてきた、心ある庶民の日本語もほとんど消滅しかかっている（つい昨日まで、言霊の幸《さきわ》う国だった日本が、今日は言霊のひしゃげた国になってしまった）。

第五章　マツリの諸相――「分」と「集団意識」によって見る豊かな日本

一、オマツリ社会の諸相

今、**新しい日本が始まっているのか、あるいはそこへ至るまでの中間期なのか、旧世代に属する私にはわからない。**そのいずれであるにしろ、古いものと新しいものが混在しているのであろうが、旧い世代の人間には、旧いものが崩壊してゆく姿は比較的よく見えるのに、新しいものが生まれてくる姿が見えにくい。崩壊と見えているものの中に、新しい人間精神の生命の芽が息づいているのかも知れないのだが。

結局ここでは、前者としての、オマツリ社会の相を述べることしかできそうもないのであるが、それは殊更すき好んでそうするわけではなく、このオマツリ的状況が、旧世代の精神性喪失から直接生じて、大部分の旧世代の人々も巻き込んで起こっているのだから、これが生ずる経緯やこれの本質らしきものについて考え、記述しておくのが旧世代の責任だと思うのである。**新しい世代の人々が、芽吹き始めているかも知れない新しい良い人間性を、まっすぐ堅固に育ててゆくのにも、現在の状況への一つの視点を提示しておくことは意味があるだろう。**

オマツリ社会出現

すでに高度経済成長の末頃に、はっきりと現れてきていて、「はしゃぎ」として表出された日本的集団意識は、その後の一層の物質的豊かさと、いわゆる国際的になった状況の中で世界の文化の果実（服飾品、グルメ、絵画からオペラまで）を導入する「賑やかさ」とによって、さらに膨張をつづけ、この膨張を抑制する要因が、内的にも（こころの無力化、分の変質）、外的にも（貧困の消失など）感じられないところから、持続的な、慢性的なものとして日本人に定着した。この集団意識の主情緒は、物質的な豊かさの与える快適さと、はしゃいだ満足感と賑やか好き（汎アニミズム的体質の陽気な気分にけるあらわれ）と、抑制的なものがないという解放の気分の融合によって出来上がっている。それは「毎日がマツリ」ということであり、常時の「ハレ」である。こうして日本の世相は、豊かな経済大国になるに及んで、高度成長期からまた一つの変貌をとげることになった。「はしゃぎ」は、まだ日本人の間にフワフワと漂っているものであったが、「オマツリ気分」はしっかりと日本人に定着し、ウチ集団社会の情緒「甘え」が日本人の生理に根を下ろしているように、このオマツリ気分も持続的な情緒として生理的な深さにまで浸透し、日本人の精神の様態は勿論、肉体（外貌全般や顔貌）にまで変化を起こさせた。そして甘えが日本人にとって無意識的であるのと同じように、このオマツリ気分も無意識的に日本人の精神に働きかけ、行動に影響しているのである。

「甘え」も個人間の差の感覚をぼやけさせるものであったが、「オマツリ気分」も集団意識の本質から当然そうであり、強く深く日本社会に浸透したから、個人の差の感覚をなくすよう強制する力をもっていた。そこでこのオマツリ情緒が発生しひろがり始めたとき、まず「根アカ」「根クラ」など一種の差別用語が生まれてきて、マツリが嫌いな人、マツリに乗りきれない性格の人、頭や体の故障でマツリに出られない人、マツリに出かけてゆくには自分がみすぼらしい姿だから出たくないと思っている人々なども、マツリの力に押され、また「日本的集団意識」の同調性によって（戦時中の一億火の玉と類似）たちまちこれに同化してしまった。そこで既に「分」の変質（同形化志向）で出来上がっていた、ケジメのみえないノッペラボウの世相の上に、「オマツリ」の光り輝く金箔が張られ、日本は金色に輝くノッペラボウになったのである。そして「ハレ」と対立する日常性としての「ケ（褻）」は、この金箔の裏に閉じこめられて見えなくなってしまった！ 以前のノッペラボウの殺風景は、「分」が共同で作っていたジグソーパズルの絵の消失で起こったが、これがまた一段階飛躍して、殺風景の汚名を返上して、キラキラのノッペラボウになって、オマツリ人を浮かれさせているわけである。殺風景もいやだったが、金箔ノッペラボウも押しつけがましくていやだと思っている人は……居ても、居ないことになっている。何となく言いにくいのである、世の中で大いにまかり通っていることに異を唱えることは。このオマツリ社会も、ある意味の強者の論理を秘めており、本当には弱者の居所はないのだ。昔、病人は祭りには出て来なかった。本当の、昔の祭りは、いくら楽しくても、限られた日数だけのものであることがみなに意識されており、「ケ」の労苦や、飢えや、寒さの気配も身近に感じられていたから、どこかに淋しげな、もの悲しげな、不安な気分を伴っていた。神楽や、江戸ばやしなども、そのように感じられた。はかなさを知っている本当のやさしい楽しさがそこにはあった。「祭り」と「オマツリ社会」の差は甚だしい。**「オマツリ社会」は異常な社会なのである。「ケ」が意識から締め出されているからである**（現実には勿論存在しているからこそ、この巨大な工業化社会がまわってゆく）。

「ケ」の原点は動物レベルから存在していたとみなければならない。人間は動物からの進化の長い長い期間を通じて、飢えと寒さに脅かされ、甚だしい労苦で日々の糧をかちとってどうやら生きのびてきた。この「ケ」の原点とともに人間は歴史的存在にもなった。そして文明国でもつい昨日まで、この原点は強く意識されていたし、現在地球上のまだ広い地域で、この原点と直面しているのが人類の実状である。今の日本の、「ケ」を締め出したオマツリ意識が、世界の歴史や今の地球という背景の前で、生まれての、あぶなっかしい、綱渡り的なものにたとえられるべきものであることがわかる（なお身体障害者などの弱者を大切にやさしく扱うのは、社会の変化に伴う社会通念の変化によるもので、右の弱者の居所云々とは別の次元のことである）。

さて、好きでも嫌いでも、日々鼻をつき合わせてつきあわざるを得ないのだから、とにかく金張りノッペラボウとなった、この新しい日本の世相や人間を観察してみなければならない。オマツリ情緒の発現の諸相、それによって受ける社会や個人の変貌、そして「ケ」の隠蔽によって起きる人間性への歪曲現象などを。しかしこのオマツリ社会もすでに長期間経っており、オマツリを起こした世代から、オマツリ完成後に生まれた世代まで含んでいるから、その様相は複雑多岐にわたり、全部を見透すことは容易には出来ないので、主だった現象だけに限定せざるを得ない。

また、特にここ一、二年、オマツリの姿が一部では、ぼやけてきている感じもあるので、次に述べる諸様相のうちには、もはや今ではそれほどはっきりとは認めにくいものも混じっているかも知れない。しかしそれは一時期、確かに存在したのであり、歴史の一こまとして（大袈裟に言えば）、記述しておきたいのである。

さて、一つの民族がマツリ的な集団意識の膨張に包まれている現象は、ほぼ国民全体が中流である、または中流意識をもっているという経済・社会構造とともに人類史上はじめてのことであろう。**高度経済成長自体が世界史上前人未踏の事業であったが、この民族総オマツリ現象も未曾有である。さらに後に考察するように、このオマツリ情緒が深く個人の心理に浸透したことから日本は新しい人間のタイプ、新しい人間性の創出を行って、人類レースの先頭を突っ走っているかに見えるのである。**

これで、日本は「ウチ集団社会」のほかに「オマツリ社会」の性質をもつ、二重の集団意識社会になったわけである。その両者とも、日本人に対して無意識的な力として働いているのだ。

さきにも述べてきた日本人の「精神的空白」が、オマツリ的集団意識の肥大のかげでさらに進行するとともに、それが日本人自身によっては意識されなくなったので（むしろ経済力に支えられた文化果実の輸入で精神が豊かになった気がしている——勿論一部にはそうなった人もいるが）、日本人の内面に、精神の構造やその破片たりといくらかでもあるとの印象を与えることがほとんどなくなったらしい。数年前、**マリア・テレサのような、信仰の力としての精神そのもののような人間が、突然日本にやって来て「このように心の貧しい国は見たことがない」と言ったとき、それはモノは豊かだが心は貧しいなどの生易しさではなく、精神が、全く何も見えなかったという驚愕の率直な表現だった**と思われる。また**レヴィ＝ストロースが一九七七年に来日して、日本の街を歩き、平日であるにもかかわらず、まつりのようなはなやぎを感じたと述べている（出典前出）。**はからずも、現代日本オマツリ社会の本質が、日本を一瞥しただけの、この二人によってとらえられているようである。

オマツリ的に「もりあげる」こと

オマツリ社会の最も直接的なあらわれはこれである。一目瞭然、誰の目にも明らかであろう。あらゆる催し事が、必要以上に数多く行われ、オマツリとして、またはオマツリにつきものの余興として、にぎにぎしく行われる。誰も彼もが根アカ人間になって、ちょっとしたことも楽しがり、なにもかもオマツリ的にイベント的な色づけをすることが好まれる。スポーツを含めて各種のイベントが毎日のように日本のどこかで行われており、博覧会的なものも最大級にマツリ的に飾り立てられ、マツリとして「モリアゲル」ことが重要視されている。「モリアガラナイコト」は今の日本人にとっては耐え難いことらしく、例えば結婚披露宴なども、異常な熱気、「感動」に包まれ、ドラマチックに仕立て上げられなければおさまらない。新郎新婦は大恋愛ドラマのヒーロー、ヒロインとして、王子様王女様のようにいろいろの衣装に飾られて会場を出たり入ったりする。感動を演出するにはどうしても涙が必要で、当事者達の両親は、花束を押しつけられたり、司会者のわけ知り顔の弁舌などによってそれを強要される。司会者ははじめから「モリアガラナイコト恐怖症」にとりつかれている。出席の老若男女も日本人である限り集団意識には従順であるから、一様に、この何の伝統的根拠もないそらぞらしい演出のマツリを楽しんでいるようにみえる。古い日本の「分」や「こころ」をもつはずの年輩者も、眉をひそめるような野暮はしないし、「チェッ、こんな猿芝居、誰が発明しやがったのか」などとつぶやくことも決してしない。ただおとなしく飲食するのみである。これが若い人が喜ぶことであり、結婚関連産業にとってよいことであり、日本のGNPにとってよいことだと承知しているからである。

披露宴のような、元来がお目出度い集まりは、よりオマツリ的にはしゃぐことになるのは無理からぬこととして、元来厳粛さや謙虚な隣人愛で満たされているはずの宗教的な集まりにも、現代の日本ではオマツリ的にはしゃいだ仲間意識（むしろ階級意識的な匂いもまじえて）や、社会奉仕意識が、やや得意然と顔をのぞかせている気配が、まま感じられる。集団意識親和性を根強く持つ日本人が、この意識の、その時代時代の発現様態に無縁であることは、極めて困難であると感じられる。

スポーツ競技も、現代では人間の体力や技の極限を競う催しとしての興奮の域を超えて、オマツリ的にもりあげ、観衆もこれに同化して熱狂するものとなった。この傾向は世界的に見られるようであるが、特に日本では顕著に、そして「持続的」に見られる（高校野球大会など）。

もりあげようとする無意識の衝動は、それが特に期待されていない場にも現れてくる。例えばテレビの天気予報番組などでも、単なる気象情報の域を超えて、季節に関する暦の上の知識、俳諧的なセンスを交えたコメント、さらに梅雨と秋の長雨の比較検討、当日傘を持って外出すべきか否かなどなど雑多な情報や考えを、沢山盛り込んで、息つく間もなく短い規定時間をはちきれそうに満たそうとする。画面にも、スタッフのキメ細かい熱心な工夫が次から次へと現れるようである。天気予報をショウのようなものに仕立てたいという無意識的な欲求か要請（？）がこうさせるのであろう。これに限らず、あらゆる定期的番組がもりあがり度の競争をしている感がある。また「もりあがる」のに適した雰囲気・外貌をもつアナウンサーや、特にキャスターが優遇されてゆく様子がうかがえる。ただ、今や、オマツリの元気も少し弱ったためか、いくらか落ち着いてきているようだ。どんどん変化してゆくのが日本という国だね。この本の副題、「変遷する日本のアイデンティティー」と書いたのもその意味である。

情緒肥大徴候

よく子供のための催しものに「チビッ子」何々という名称がつけられる。それから「ワンパク広場」などというのがある。一昔前までの日本ではこのような場合、単に「子供」という言葉が使われただけである。チビッ子というところに情緒的な色づけが感じられる。またワンパクは、大人にとっては迷惑なという意味も含む言葉であるが、あえてワンパク広場というところに、迷惑する大人の顔や、しつけをする者の顔はみえなくなり、すべて大目にみて温かく包んでやるふうの、「情緒的になった大人のしたり顔」がみえる。甘やかしたがりの集団意識膨張人の、そして『古今集』以来の心あり顔大好き日本人の面目躍如である。一方テレビ番組などに出演する素人の子供に「このガキは」などと、わざと口汚い言葉が浴びせられたりするが、これも甘やかしの裏返しの表現で、どちらにしても大人の肥大した情緒の自己満足が動機である。

感動人生

オマツリ的情緒肥大は、人生をドラマチックに見立て、自分の生活もドラマチックでありたいという願望を生ずる。

オマツリ人間にとっては毎日が「ハレ」でなければならず、「ケ」は親のかたきのように抹殺されねばならない。オマツリ人にとっては、人生は、なにか並々ならぬ感動に満ちた輝かしいものでなければならないのだ。さきの「モリアガル」と同じく、感動状態への願望が強迫観念にまで近づいているかのようである。人生はドラマであって、いたるところに「ふれ合い」「出合い」（これを出愛と書くと一層嬉しくなる）がなければならず、汗をかけばそれは必ず「さわやかな」「いい汗」であって、不思議にもキラキラと宝石のように輝いている（汗は、オマツリ社会出現と同時に、美化して多用されるようになった）。そして熱いのではなく「アツーイ」心で仕事やスポーツに励み、カラオケで熱唱絶唱し、いつも鋭い感性であらゆることを理解し、どきどきわくわくの感動の日々を送るのである。「感動」でおくれをとったら恥であるから民衆全般にこの意識は強くゆきわたり、なにか催し物などあって、マスコミの取材班にマイクを突きつけられると、会衆の多くが「感動しました」とハンで押したように答えるさまは、笑止というよりは、何やら「いじらしい風景」である。このごろは感動指南などという書物まで現れて、恰好よく感動したいという大衆のニーズの大きさを裏づけている。そしてなぜか現代日本人は、「愛」が異常に高まっているらしく、人々への愛情は勿論、動物や自然全般をも例のアツーイ心で熱愛しているし、不思議にも心臓・肝臓など自分の体内の臓器に対する「愛」も「感覚」できるらしいのである。超能力的感動人生である。そんなわけだから、たとえ重病にかかったからといって、**オマツリの舞台から降りることは許されないし、第一自分が許さない。どんな無理をしてでも壮絶に生きつづけ、世間をアッと言わせるような形で壮絶な死を遂げるのでなければマツリ日本では認知されない。**人生面白くないとか、もう年ですからなどと「ケ」の言葉を吐く奴は……そんな奴はダサイ奴であり、そんな奴は……非国民だ！　と怒鳴られて冷や汗とともに夢から覚めるような、古くさいワカラズヤは、便所掃除の塩酸で顔を洗って、「元気印」のワッペンをおでこに貼って貰って、出直してこい、というわけである。

欲望の解放

次に、マツリは昔から「ケ」の時とちがって、欲望の解放がおおっぴらに認められる時であった。今の日本でも欲望の充足は大いに奨励され、むしろ欲望の露出が肯定され、羞恥心減退は不名誉なこととはされない。マツリの興奮維持には欲望全開が好ましいからである。グルメは言うに及ばず、特に性的欲望は、ソフィスティケートされたお洒落なイメージを与えられ、アクセサリーのように利用され、また芸術的興奮にすりかえられ、コマーシャリズムの活用するところとなる。また動物の求愛・交尾行動などが、「感性」豊かな大衆のために、「いのちの讃歌」的な化粧のもとに、テレビ画面その他で克明に紹介される。この風潮のもとでは**漫画本にもセックスが描かれているのも当然であるが、これを背広姿の勤め人や学生が朝から電車の中で読み耽っているのは外国人の女性などの目には不気味にうつるらしい**。日本は朝から「野合」公認の宵まつりですと説明するのはむつかしい。漫画は新しい時代の文化なのだそうであるが、右のような漫画本では、やたらにクローズアップされた人間の顔の表情が多く、乳児の心象世界（父母の顔がいつもクローズアップされてみえている）と酷似する。また、せせこましい細部描写は、全く精神性喪失の汎アニミズム的体質がさせるのではないかと思われる。さらにアニメ漫画のある種のものでは、精神喪失どころではなく、明らかに生理的な不快感を起こさせる（例えば父親と男の子が、舌をなめ合うなど）場面をエンエンと描きつづけるなど、汎アニミズム的体質の病的な肥大（吉田兼好先生が見たら恐らく立ち所に悶死するであろうていの）が現れてきている。日本の大人全体がオマツリ的集団意識肥大のため、この種のことに無感覚になっているとしか思えない。これは子供のためのアニメなのだ。大人がチェックしないのが不思議である。おぞましい奇形的な趣味感覚の世代があらわれてくることを恐れる。

称賛願望

またもっと高次（?）の欲望もたかまっている。オマツリの中でスターを演じて拍手を浴びたいとの願望である。スポーツや芸術の領域で、この願望に応ずべく、イベントやコンクールやオーディションが広く無数に行われている。また、スターになった者の、むき出しの得意表現や巨額の収入の誇示にも、欲望露出肯定の風潮が感じられ、一般の人々のそれへの羨望よりはむしろ同化がみられるのも、マツリ的集団意識への埋没が一般化しているためであろう。新聞なども、毎日のように新たに登場してくるタレントや芸人や芸能人やちょっとしたコメンテーターや批評家や作家や小説家などの「活躍」ぶりを写真つきで紹介している。また、例えばスポーツ選手がスター的な地位を占めた場合、スポーツそのものの業績による輝きに加えて、性的魅力や独特のメーキャップその他奇抜な衣装などを援用して、スター性を誇張することが行われる。人の目をひき人の関心を奪えば、その手段は何でもよいというオマツリの原理があらわれている。スポーツ技術の評価側にも（例えば女子体操技）このオマツリ的原理が入りこみ、異常な、むしろ異様でさえある、興奮を刺激するような演技が要求されているらしい。あまりにも派手なバレエとベリーダンスと軽業をゴチャマゼにしたような、挑発的ともいえる演技は、ときにソラゾラしさの印象を与えるところまで行っている。この傾向は日本だけでなく、世界のスポーツ界全般にみられるので、マツリ的集団意識の肥大は、スポーツなどのように、元来それが関与しやすい領域では世界的にひろがっているのかも知れない。自己顕示的傾向とみえるのだが、それが個人の好みや性格からなされるのでなく、その世界の要請として一般化しているところに、この傾向（日本ではマツリ的なものとしてとらえられるが）の、時代精神としての定着を感じるわけである。これは世に言うポストモダン的な現象の一つと言えるのだろうか。

民衆レベルでは、自己紹介のちょっとした機知、ちょっとした連想の面白さなども、気の利いたこととして異様に持ち上げられ、ちょっとした工夫などがほめそやされる。かつて「目糞鼻糞を笑う」と言われたが、**今は「目糞鼻糞を褒めそやす」楽しい時代になった。**この楽しさは有名人の、マスコミなどの場でなされる褒め合いっこや、無名の庶民による新聞の投書などにも横溢している。「冠帯相求」と古い詩句にもあるように、昔からお歴々は、自分自身と仲間に対して、同時に敬意を表することを好むものであるが、今の日本ではそれがまさに「大衆化」したのだ。庶民はつつましく主に自分や自分の家族を褒めそやしているのだが（欠点をあげつらうなどの形で）。**また「額縁」にキミの「今日」を入れよう、など広告コピーの文句にも、なんとしても、ちょっとでもいいからスター気分のはしくれにあやかりたいという願望がひろくあることを感じさせる。**

物質的おごり

この地球には現在も、飢えた人々、貧困や病苦に苦しむ人々が無数に居ることがわかっているのに、「自然はおいしい」などの自己中心的なしたり顔の形容詞をつけた、海外グルメ旅行などの宣伝が氾濫しているのを見ると、日本人の対ソト盲目的なウチ集団的甘えが、オマツリ的欲望肥大と融合して臆面もなく肯定され、むき出しになっているのが感じられる。このむき出しの姿には一種の押しつけがましささえ感じられる。抑制を伴わないものには、とかく品格がない。オマツリ社会には品格が欠けてくるのである。

ドストエフスキーがその小説の中で、遺産相続かなにかで幸運をつかんだある令嬢に「お嬢様、あなたはこれから毎日いろいろなスープをのんで、面白おかしく人生をお送りになるのですよ」と誰かに言わせているとき、一握りの者の贅沢と大多数の貧困と悲惨の対照の著しさの故に、浮き世の栄耀栄華が殊更甘美に感じられるという、光と闇、安楽と不安を含んだ深い感情がBGMとして鳴っていたのであるが、今の日本の物質的贅沢は大衆化し、対照さるべき悲惨が近くに見えず、また海外にそれがあっても、自己中心性メクラで見えもしないために、不安の薬味もなく、それほど甘味にも輝かしくもなくなって、無神経な、薄っぺらな得意の様相を帯びている。金箔の表面には深みや奥行きのある感情は存在できないのだ。

カッコヨサの原理

まつりにはカッコよさが必要である。昔の祭りではイキであるとか、威勢がいいなどが恰好よしとして好まれた。今のオマツリ日本ではどうだろう。今の日本のカッコよさには独特の共通要素がみられる。**カッコよいとされる形容には「しなやか」「やさしさ」「自然に生きる」「ありのままの自分」「あそび」などのように、「力こぶ」の入っていないのが特徴である。**これは次の理由によると思われる。オマツリが、例の金箔の裏側へ「ケ」を押しこめたことは前に述べたが、意識としては押しこめたとしても、現実には「ケ」は厳然と存在する。存在するどころか「ケ」は猛禽の爪のように日本人を押さえ込んでいるのだ。この日本という、ウチ集団がらみの工業化管理社会では、「ケ」は極めてキメ細かく、息つくひまも与えないほど密度高い構造となって人々を巻きこんでいる。塾通いの子供から会社の役員まで、すべて実際は「ケ」と猛烈な四ツ相撲を組んでいるのだ。日本は元来競争社会であり、「分」の上昇意識も相変わらず強いからこのキビしさは甚だしいものだ。しかも一方オマツリ社会の金箔の掟もある。明るく陽気な顔をしていなくてはいけない。「ケ」の気配を持ちこんでマツリの気分を台無しにしてはならない。**だから「ケ」の要求を難なくこなして、何事もなかった、いや何もしなかった、ただ遊んでいただけさ、というような顔をして、しかも成績も業績もよく、社会的に「イイ線行ってる」のが「カッコヨイ」ことになる。**「何事もなかった」風情としてさきの「しなやか」云々などが珍重されるわけである。だからこの「カッコヨサ」志向は、裏にエリート賛美を秘めていることがわかる。オマツリ社会自体が強者の論理を秘めているように。さて、みながみな「イイ線行ってる」わけにもゆかないが、イイ線行ってなくても、みなが背後に感じている猛禽の爪「ケ」の気配を忘れさせるような、オマツリ的陽気さを持った性格や顔立ちや全身の感じが「カッコよい」ことになる。勿論根アカは必須要素であるし、「ヒョーキン」なども大いに愛好される。そして「ケ」と取り組んで長い期間経つと、どうしても「ケ」臭さが身について、つまりダサくなってくるから、オジン（大人）は「カッコよく」なりにくい。まだ「ケ」と遠いところにいる子供のような「甘さ」が漂っている方がより「カッコよい」ことになる。甘いマスクでゴロツキどもを苦もなくノックアウトし（ときには逆にノックアウトされてもカッコヨサは減損しない）ファッション性の高い衣・食・住に包まれ、仕事はバリバリ（小さなヘマもむしろあった方がよい）……というようなのが**「カッコよさ」の典型、アイドルなどというものになる。**女性のアイドル歌手なども当然「ケ」から遠い幼児的可愛らしさをたたえていなくてはならない。

それからやはり「ケ」臭くなくて、元来自ら光を発する人生の時期「青春」がカッコよいことになる。現代日本が表面的世相としては、若者中心社会、若者文化の印象があるのは、このオマツリ社会の本質が、青春性というカッコヨサを要求しているからだと思われる。単に独身貴族のフトコロを狙うコマーシャリズムの騒々しさからだけではあるまい。

このように、現代日本オマツリ社会の「カッコヨサ」には、真剣なところを他人に見られないようにしたり、人生の一部（本当は大部分）である「ケ」を意識の外へ締め出したり、それを避けたりして成り立っているため、一種の虚偽性ないし虚構性が漂っている。ウソッポサが見えている。**しかしこの「ウソッポイカッコヨサ」こそオマツリ社会のホントの「カッコヨサ」なのである。**「カッコヨサ」は、近世の日本が生んだ美的趣味「イキ」に次いで、現代が生んだ美的感覚といえるかも知れないが、「イキ」には、本来は「こころ」や「分」に根ざしたアイデンティティーがかかわっていたから、洒脱さにもかかわらず真剣味が漂っていた。今の「カッコヨサ」には、「こころ」や「分」の求心力やアイデンティティーはかかわってこないから**真剣味はない。**「カッコヨサ」は、たとえて言えば人間性という大河の表面に浮かぶ泡のようなものであろう。泡のように現れては消える**アイドル歌手も、**その幼児的愛らしさの顔に似合わず、**ものものしく意味ありげに振り付けられた身振り手振りで歌い踊るので、その身振りは何か重大なことを語っているのかと思ってよく見るとそうではなく、「何かのようでその実何ものでもないもの」を表現しているのである。歌詞も「涙色の夢」とか「匂いのない花の香り」など虚構的香りがしており、まさに虚構色の虹の匂いのする泡の「ウソッポイカッコヨサ」の夢である。**

もっと他愛なさの少ない泡もある。この泡の大粒なやつが、現代のファッションショウだと思われる。ファッションショウでは「ウソッポイカッコヨサ」が最高度に輝かしく演出される。**ファッションショウは「ケ」など糞くらえとばかり、宇宙の外へ蹴とばしてしまった。「ケ」は当分誰も気にしなくて済む。そこで参会者はみな最高の「ウソッポイカッコヨサ」に酔い痴れることができる。モデル嬢の目つきや表情には、挑むような、軽蔑を含んだような気配がみえるが、これは決してお客様を挑発したり軽蔑したりしているのではない。これは彼女達が、遠くからこっちを窺っている「ケ」を威嚇し軽蔑するため**にしているのである。

「ウソッポイカッコヨサ」は当然コマーシャリズムにも活用されている。日本人のための商品や商店のイメージ広告に、外国人（主に欧米人）が使われていることが甚だ多い。別に外国人に宣伝する意図があるわけではない。外国人の方が日本人より全般的には容姿がよいこともあろうが、**外国人は、日本の生活の「ケ」を感じさせないのが主な理由であろう。百貨店や、名店街ビルなどの巨大な壁面に、「なにげないふうの」（力が入っていないのがお決まりのポーズ）欧米人の若い男女の姿（主に写真）があしらわれ、街頭いっぱいに、国籍不明的な、「ウソッポイカッコヨサ」を漂わせている。**

若者達に大受けの「純文学」作品にも（その文学的価値は別として、大受けの原因に）ウソッポイカッコヨサがあるらしく、話がいきなりどこかの国（主に欧米か、あるいは欧米の雰囲気をもつ旧植民地など）のどこかの町（しかも日本人にはまだあまりポピュラーでない）が舞台になっていたりして、旧世代の人間は、なぜそこでなければならぬのかと理解に苦しんだりするのであるが、若者達は、国籍不明のウソッポサに憧れているのだから、まさにそれが気に入る。流行作家はこのウソッポサ・イメージを破壊しないように、日本人以外のものでありようもない本人の顔を公衆の目になるべく曝さないように、主に海外で暮らしたりして、結果的にますます国籍不明的カッコヨサ・イメージを強めることに成功している。

ちなみに、「ケ」を本当に追放した生活、つまり「ケ」を召し使い達に任せて、自らはそれに触れないという生活を数世代続けていると、ウソッポサのないカッコヨサ、すなわち優美、優雅などが生まれてくるらしい。

最後までカッコよく

昔から日本人は、「こころ」が大いに凝縮するはずの、いまわの際でさえ、たゆたいの、もののあわれの器、和歌に託して心境を述べ、余裕のあるところを見せる習慣であったが、現在のオマツリ社会のカッコよさ願望、自己満足志向は、現代日本人の、死を目前にした手記や遺書などのようなものにも滲み出ており、**自分の人生の「悔いのなかったこと」、そして自分の家庭・家族の「素晴らしかったこと」に言及し、妻や子に「有難う」を言うことも忘れないのである。**「人の死に臨むや、その言やよし」と昔から言われるとおり、それは真情の発露にはちがいないのであるが、そこに薄いベールのように、オマツリ社会の色づけが、かぶさってしまうのである。日本的集団意識の根の深さと無意識的な支配力を見せつけられるわけである。

カッコヨサの苦しみ――「ケ」の復讐

「ケ」の労苦を難無くこなしてカッコよく生きられる人は、才能や知力に恵まれた、やはり少数者である。「ケ」は大多数の人々にとっては重荷であり、**しなやかに、なにげなく自分主義で生きています、というカッコを保つには、大変なエネルギーを要求される。「ケ」は押しかくす分だけ内部の重圧となってくる。そしてこのとき、現代の日本人は「こころ」の凝集力をもっていないからこれを内面化し、昇華することができない。「ケ」の内圧は高まるばかりで、最後には、何か別の形となって噴出する。自殺、うつ病、心身症。**ここで正直に、私はカッコはもう気にしない、私はカッコわるく「ケ」と取り組みます、と叫べばラクになって危険がなくなるものを。ところが現代日本は、「ケ」と取り組むどころか、「きつい」「きたない」「きけん」の3Kなどと称して「ケ」の親玉を外国からの出稼ぎの人々などに押しつけようとしている。日本の若者が3Kを嫌うのは、怠慢になったとか、キレイ好きになったとか、臆病になったとかいうことよりも、「カッコヨガリ」や「ケ」を嫌う心理の方が大きく作用しているのであろう。日本はいずれ「ケ」の復讐をなんらかの形で受けるにちがいない。

また「カッコよく」ありたいこともさりながら、「ケ」の気分から遠ざかりたいという、無意識の衝動が内部にうっ積しているうちに、これもある種の変容を受け、いろいろな形の病的な行動として現れてくるようである。ゆきすぎた朝シャン、異常潔癖症（「ケ」と毛の語呂合わせでもあるまいが、オジンでなく少年的でありたいという無意識の衝動からか若者が足の毛を抜くなどの行動もかなりあるらしい）のさまざま、それから**最近話題になった夫の下着を箸でつまむ、自分以外の家族の下着に触れることができない、洗濯機も別にする等々。これらの馬鹿げた行動の背後から、金箔の裏に押し込められた**

はずの「ケ」の高笑いが聞こえてくるようである。

だが、まだまだ「ケ」は押し込めておかなくてはならない。でないと若者どもを働かすことができず、工業化日本が動かなくなってしまう。先生が生徒に接するときも、課長が部下に接するときも、社長が新入社員を募集するときも、ものわかりよく、やさしげに、「ケ」のキビシサをかくして、しかも「ケ」の要求するところをやらさなければならないから、独特の猫撫で声や曖昧な表情や「気楽に行こう」の調子が出てきがちである。すこし「ケ」に慣れさせてから「頑張ろう」が出てくることになる。はじめから「ケ」をみせて押しつけては駄目なのだ（昔は堂々とはじめから押しつけたものだが）。**だからハードワークで満ち満ちている大企業の求人広告などにも、「我が社には『ケ』は毛ほどもありません。すべてアソビです。我が社のモットーは、明、遊、創、美です。我が社は、やわらか頭のあなたの感性を拍手して（何たる媚態！）迎えます」などと懸命な、「ケ」抑え込み演技がみられる。これらすべては、社会がやさしく上品になったこととは反対で、虚偽的に卑しくなったことである。**オマツリ社会は人間の長い長い営みで定着してきた、ハレとケのうち、ハレばかり拡大した不自然さを持っているため、このまま進んでゆけば、民衆の感情の真率さや素朴的バイタリティーが失われ、だんだんといつわりの様相や病的な相貌を示してくるであろう。

安直なカッコヨサも必要

一寸の虫にも五分の魂。なんとしてもカッコよくありたい。ウソでもよいからカッコヨイ形容詞のついた存在になりたいという大衆の強い願望も叶えられねばならない。希望しさえすれば何も拒まないのがオマツリである。ただし精神的空白があまり強度で、カッコヨサのタネもないし、タネを借りてくる智慧も浮かばない、という場合には、まず虚構の自己の像というものを与えて恰好をつけてやる必要があるのである。もっともそれは何でもよい。手近な、例えばコマーシャリズムが、カッコヨサ願望をくすぐるために、あるいはまた願望さえ意識していないボーッとした頭の中へ、刺激を送り込むために案出した概念や言葉などが、そのまま虚構の自己となる。何もない空間へ物体を置くようなもので実に簡単なことである。例えば、化粧品や銀行のイメージ広告などによくある「素敵なあなた」とか、「明日こそあなたの感性が輝く」云々。**この「素敵」が右の虚構の自己像のための、最も手軽に最も広範囲に利用可能の、最も智慧のない形容詞である。また「感性」は、求心力のある「分」や「こころ」が衰えている状況下で、突然人間性の重要概念として、オマツリ社会のスローガンとなって浮上したものである。感性をもつことは、何の努力も勉強もいらず、ただ口で「感性」と言えばもうそれはその人のものになるのである（やはり日本は言霊のひしゃげた国などではない。言霊のさきわう、いや、さきばしる国である）。だから大衆すべてがこれを持つと自称することが認められ、コマーシャリズムの立場からも好都合なので、日本国民全体が、感性に輝く人々になってしまった。**さてこの「感性」や「素敵」を、金箔ノッペラボウもよくみるとこのような微細構造をもっているのである。さてこの「感性」や「素敵」を、いかに凝ったもの、面白いもの、高尚そうなもの、ヒョーキンなもの、貴族的なもの等々とむすびつけこねあわせて、商品とも関連づけて捻り出すのかが、「コピーライター」という魔術師の腕の見せどころである。

永久青春

さきにも触れたが、青春は中・老年にくらべると、「ケ」の気配もまだ希薄で、とにかく人生の花の時として、オマツリ社会のカッコヨサの大事な旗頭である。

現に青春のさ中にある者達は、「青春まっ只中」などという誇張した表現で、それ自体カッコヨサに包まれているという自己満足を楽しむ（表現が誇張されるほど、実体はいじましくなる。元来青春は自己のことなど何もわからず、無限の可能性の中で途方にくれているのがよい姿なのだが……）。また中・老年者も、「こころ」の衰退（ほとんど忘却）のため、年齢相応のアイデンティティーを凝縮させる力がないので、この青春というマツリのカッコヨサに同化しようとし（青春は徐々に去ってゆくのでいつまでも若がっていることは比較的容易である）、「理想をもつ間は、また心が若く老いなければ、いつまでも青春」などとあやしげな詩句をうそぶいて若がっている。しかし生理的な加齢という変化、また「ケ」の労苦のつみ重ねは確実にその顔貌に影響してくる。一昔前の、「こころ」という精神の力があった時代では、それらの影響要因は「こころ」の凝縮力によっていったん内部に取り込まれ、こころの統御作用によって、顔の肉に刻み目を入れ、ある部分の肉は削《そ》ぎおとし、彫刻をほどこして、それぞれの年齢に応じた風貌・風格をつくってゆき、老年の威厳というようなものも出現させ得た。**しかし現在ではこの精神の彫刻作用は起こらない。だから加齢や労苦はただ顔の肉に統一なく働きかけてこれをデコボコにするだけである。老醜などというものは、はるかに精神の屈折の絡んだ高尚なものである。単なるデコボコは要するに単なるデコボコである。**設計案がなければむやみに土地を掘り返しても庭園は出現せず、土地がデコボコになるだけなのと同じことである。**こうして中・老年者は、青年でも壮年**

でも老人でもない、「熟年」と称する、あやしげな、曖昧なデコボコ顔となって、それでも陽気にカラオケバーなどで浮かれている。このデコボコ顔の熟年は非常に長もちするため、昔とちがってこの人達の年齢を当てるのが極めてむつかしくなった。

顔貌へのオマツリの影響

顔は精神的なもの、心理的なものが、自らを肉の上に刻印する場所であるらしいが、オマツリ的集団意識が強く定着するにつれて、日本人の顔にもそれが表現されてきていると思われる。右記の如く精神は顔を彫りこむのであるが、集団意識は、その肥大・膨張的性質から、**顔を内側から膨らませるのである。昔、息を吹き込んでいろいろの動物の形などを作り出す飴細工の一種があったが、あれと同じように、現代日本人の一部の人々の顔は、内側から吹き膨らませて作られているような印象がある。そして表面はマツリの陽気さと興奮で上気したように、テラテラと光っているような印象を受ける。**

中年以上の男女の顔は、この膨張タイプが多く、内部の集団意識の圧力はいつも一定であるから、何かの理由で(マツリ意識を圧迫する苦労とか悲しみなど)一部がひっこめば、どこかにでっぱりができ、全体としてデコボコになってゆくことは、さきに述べた如くである。

青年はどうか。早くも中年的膨張の様相を呈している者もあるが、ややすぐれた知性の持ち主では、人生の朝に発生する「精神」による肉の抑制で膨張的様相はなく、さわやかな印象を与える。また「ケ」の課題とも正面から取り組んでこれをこなし、社会や人生について考えることもある心の持ち主においては、そのことも顔に刻印され、アポロンとまではゆかなくても、凛々しくハンサムな顔もまた多く発生する（貧困による心身の歪曲を受けることが現在ではほとんどないので、全般に子供や若者の顔立ちは整っている）。以上は青年といっても、男性の場合である。この種のことでは男性と女性とでは非常に事情が異なってくるので、別個に検討しなければならない。

女性美の変化

女性の美しさというものは、その時代時代の精神や理念の肉への刻印である（その精神は「意識的」には主に男性の側に存在する）。精神と人間の肉体との神秘な関係はこんなところに何気なくあらわれていると思われる。英雄的な精神があった時代には、それに応じた崇高な女神のような女性美があった。また近代でも、神秘的な女性美というものもあったのである。鉄のように、一見表面は黒ずんだり錆びたりしているようでいて、ちょっと触れるとハガネの深みのある光をもった肌の美しさが現れたり、心の奥に磁力を秘めているので否応なく惹きつけられてしまうような美があった。ずっと時代を現代に近づけてみても、人間の精神が内面的な深さをたたえていた一九三〇～四〇年ごろまでは、女性の美も、内面からくる精神的なものに裏打ちされた、気品のある優雅さを示していた。

また、「分」が複雑な形で組み合わされて一つのジグソーパズルの絵を形成していた時代には、その複雑な「分」の相互関係から、愛嬌やコケットリーなどとも結びついた女性的魅力も現れていた。また昔のミーハー族にも「分」の輪郭が明瞭であるところからくる人間の面白味と結びついた魅力があったのである。現代の若い女性には「分」の求心力が働かないため（無限に甘やかされて）、遠心的な、自己中心性が透けて見える者が多く、チヤホヤされたいという気配を漂わせている者が甚だ多い。「結局は自分だけしか愛さないそこなお嬢さん（ゲーテ）」というわけである。また、一昔前の、深みのある強力な精神は、女性の肉に自らを刻印するとき、か弱い肉を破壊してしまって己の全容を刻印できないことがしばしば起こった。失敗作である。昔は美人と甚だしい不美人とが生産された。ときに「**人三化七**」というような現象が起こり得た。そして肉に刻印しきれずに、こぼれた精神は女性のこころに入りこみ、ときに悪魔的な性格などとして活動した。バルザックは、そのような例を小説に描き出した。

今や日本人の精神は全般に空白化して奥行きを失い、オマツリ的カッコヨサ願望という「分」の皮一枚になっている。すると女性美もその通りのものを正確に表現することになる。そして溢れるような精神力も存在しないから刻印の失敗も起こりようもなく、一様の受肉として、同じような刻印が全部にゆきわたる。失敗作もないが傑作もない。美の格差は著しく縮められた。そして女性ではほっそりと見えたい、膨らんでいるのはいやだという気持ちが強いから、若い間はとにかくあまり膨張的ではない。しかしオマツリ的集団意識は顔表面の、ツルツル、テラテラした感じにあらわれている。そして奥行きのある肌や表情の美しさはほとんどなくなり（昔は肌自体が精神的ななにかを含んだ表情をもっていた）、ツルリとした表層的な綺麗さばかりになった。皮一枚の美である。よく磨かれ、よく甘やかされ、よく愛撫された、つるつるの、短毛性の、ある種のテリア犬やチワワ犬のような綺麗さが現代の女性美の平均像である。そしてマツリの陽気さを訴えるような、外向的・表層的な「明るさ」が、ほとんど例外なくゆきわたった顔の表情である。男の精神がカッコヨサを求める薄い皮のような「分」一枚になったとき、女性の美も顔の皮一枚のものになったのである。皮一枚には、「美しさ」「優雅」「濃艶」「魅惑」など奥行きや厚みのあるものを盛り込むことはできない。せいぜい「清楚」、しかしこれもそう多くはなく、たかだか「清潔感」と右の「明るさ」が大方のようである。これらの言葉は一般的な美のタイプを言っているだけであって、この各々のタイプの上に、各個人だけのもつ人間的味わいが加わって「個性美」をなしていたのが、以前の女性の美しさだったのである。皆が「分」の差を拒否してノッペラボウ世相を作ったとき、同時に個人レベルでは「個性」というものも日本からなくなったのであるから、**個性的な美しさというものも実はなくなった**のである。

それから、女性の美しさの、年月に対する抵抗力については、以前、パリジェンヌの美しさは不滅だと言われたよしであるが、現今はどうであろうか。今の日本ではまだ実証される年月が不足しているからその点は不明である。しかし「薄いもの」はとかく、くしゃくしゃになったり、剝がれて飛んでゆきやすいから注意が肝要であろう。

さてこの薄い皮の下には、何かヌーッとしたもの、精神の衣を剝ぎとられた動物のようなものが黙ってうずくまっているのが感じられる。この現代という時代の精神、いや精神でなくなりつつある精神としての人間性が、女性の顔貌を通してその正体を垣間見せているように感じられる。この「正体」は、特定の言葉で表現されうる人間の情念や本能でもなく、また進化の各末端にある各種の生物の生態の印象でも表しにくいもの、ヌーッという擬態語でわずかにしか（したがっておそらく日本語でしか）表現できない、ロゴス的な人間の知性が対象化できないものの、いきものの「原始性」のようなものの印象ではないだろうか。

最後に、女性美の大切な要素としての声については、マツリの喧噪の中での自己主張の叫び声に似て、キイキイ声のような発声法が広く見られる。そしてキイキイほどの不快音でなく、一応はよい声であっても、そこにマツリの騒がしさがまじり合ったような、気ぜわしげな表情の声が多い。**そして話しぶりには、女子学生の「エー、ウッソー」をはじめとして、一般に一種の芝居がかった仰々しさへの傾斜が感じられる。これも勿論、人生を「面白《おもしろ》一色」で塗りつぶしたいというマツリの原理による。含みのある、音楽的で同時に静謐さを秘めていた、昔の女性の魅力ある声はもはやほとんど聴くことができなくなりつつある。いずれにせよ女性美が、男の、そしてその世代の精神的理念の、肉としての表現であるという古い真理は、少しも変わっていないようである。**

ただ、古今の真理も日本では少々変わったあらわれ方をする。昔、男の精神が強力だったころは、受肉は当然女の顔に起こった。それは女性が精神の醸造元ではなく、受けとる側だったからである。ところが今や男性の精神醸造能力が甚だしく低下してしまったので、精神の受肉が男の顔にも起こるようになった。美が男の顔にも刻印されるようになったのである。そこで昔は稀なものであった「美男」が現在は増加していて「可愛い」という表現で、女性の側から呼ばれている。しかし皮一枚の精神の刻印であるから、女性美とも酷似している。要するに中性化である。男も女も歩み寄って中性化し、**実は美も醜もなく一様に「可愛く」なった**のである。

さて、恋愛というものは、精神がその受肉の刻印像に自らの形姿化を発見して驚き憧れることであった。精神の深さや厚みが大きいほど、美の奥行きも高さも大きく、そこへの距離感（憧れ）も大きく、恋愛の情熱ははげしかった。現在では精神の弱まりとともに、恋愛らしい恋愛も少なくなったと言わざるを得ないであろう。皮一枚の恋愛。お友達のような恋人。ペットとしての愛人。単なる求愛行動。

ただ、以前では、恋愛の情熱は、とかくはげしく燃え上がりすぎて、周囲の人々を困却させ、ついには狂気めいたものになって往々当人達を破滅させた。愛が憎しみに変わったり、愛と憎しみの間でもてあそばれたり、遂には、愛すること即ち憎むこととして、愛と憎しみが同時に押し寄せて、当人は金縛りにあったように動くこともできなくなるという情熱の狂気の姿を、スピノザはローマの詩人カトゥルスの「Odi et amo.（憎みかつ愛す）」を引用して説明している。

パリの女は、性格上の欠点さえ魅力へと昇華してしまったらしい。そしてこれらの美しい小悪魔達の「気まぐれ」のために、男達はさんざん振り回され、ヘトヘトに疲れさせられると、ボードレエルはこぼしている。

こんなことをくだくだ述べるのは、人間というものがつい先頃まで、どんな「代物《しろもの》」であったかを、今の日本の若い男女の方々に知って貰いたいと思うからである。昔の奴等はなんて馬鹿馬鹿しい奴等だと笑い草にするのもよいだろう。たしかに昔は「馬鹿な情熱家」の時代、今は「利口な幸福者」の時代である。

お化け屋敷の幻想

昔から、祭りにはいろいろな余興のだしものがあったが、お化け屋敷などはその白眉であった。現代日本オマツリ社会にも、いずれお化け屋敷なるだしものが出現するであろうが、今はまだ小屋掛けの準備中らしく、見えてこないようだ。ウソッポイカッコヨサは現に実在するのだから、ウソッポイカッコワルサの極致としてのお化けが出てこないはずはないと思われる。どんなお化けが待機しているのだろう。

今や、右に述べたような、「利口な幸福者」の時代となって、人間は遂に「精神」の桎梏《しっこく》から解放され、宗教だの、哲学だの、「こころ」だの、「分」だの、「自我」だの、「人格」だのと、すべての古くさく、小うるさい「求心力」を捨てて、知識と技術と好奇心と感性を発展させ、有限な地球にとらわれず、宇宙へも進出して人類のコロニーを作り、無限に欲望を満たしてゆけばそれでよい、そうすれば無限に神に近づいてゆく、いや、神はもう存在しないから、無限に神に近いような幸福な存在に近づいてゆけるのだという妄想あるいは無意識的願望あるいは時代精神が、実は人間がどんどん矮小化し、感性文化の自慢のタネたる「女性美」さえも菲薄《ひはく》化するという現実によって、復讐されてゆくように感じられる（だが、ツアラツストラの一章に描かれているような、矮小化こそ望むところ、そこに人類の最終的な楽園があるという人々もいるらしい。あるいは日本人はその思想の隠れたる賛美者なのではないか）。「精神」のために人間は苦しむが、「精神」なしでは人間は人間であることが、うまくできなくなり、何か「妙なもの」になってしまうらしいのだ。単に「動物的な幸福」に到達できるものでもないし、より高いものにも勿論なれない。女性がテリアやチワワ犬になってしまうぐらいは、趣味の問題で大したことではないかも知れないが、「美」などともかく、そもそも人間らしい容貌・形姿を保っていること自体、精神に負っているのだとしたらどうであろう。神の似姿として人間が創られたと言うと、科学的根拠なしと言われるかも知れないが、意外にこれは科学的真理かも知れない。**神様から頂戴した精神で、人間は人間の恰好をし、人間を「やっていられる」のだ。**だから現代・近未来人が、精神の不在などものともせず、欲望の充足と文明の華の享受に明け暮れて、ある日、宇宙のどこかの、宮殿のような壮麗な大広間で宴を催し、男は可愛くハンサムに、女は奇麗に磨かれて、輝いていると信じているうちに、いつの間にか彼らの花のかんばせが、紙屑のようにクシャクシャになっていたり、狐憑《つ》きのように引き攣《つ》れたり、風船のように膨れ上がったり、提灯のお化けのようにパックリ裂けたり、ただもうとめどもなくひん曲がりつづけていたりしていたのであるが、誰もそれには気づきもせず、嫣然《えんぜん》とほほえみつつ、音節にもならぬ言葉をあやつって気の利いた会話を続けようとしている……ウソッポイカッコヨサには、国籍不明的な感じに傾く気配があったのに、ウソッポイカッコワルサの極致・お化けの方には、日本の伝統的お化けに似た様子があるのはなぜだろう。それはおそらく、カッコヨサには日本の「こころ」がかかわっていないのに対して、このカッコワルサには「こころ」がかかわっているためであろう。すでに永らく生ける屍となって日本人の中に横たわっていた「こころ」が、いつまで経っても屍になっていることに気づいても貰えず、したがって丁重に葬っても貰えず、日本の文化を創造し、支えてもきた何千年の功績を称える弔辞を、然るべきお歴々から捧げて貰えるわけでもない有様に、とうとう業を煮やして（もともと「こころ」は、その出自において、「ロゴス」のような普遍的理性ではなく、個人的感情的な要素に依るところ大であるから）、「そうかい、そうかい、よくわかったよ、そんなにお見限りならこっちから出てってやろうじゃないか。そのかわり何だよ、二千年の間てえものは、おれは日本人て奴をギュッと引きしめてきてやったんだからな。出て行くとなりゃあ、今度はうんと膨らましてはじけさせてやろうぜ、おれのこともちっとは思い出すようにな。やい、この、いい加減で忘れっぽくて、すぐ『水に流し』たがる日本人め、今度はちったあ応《こた》えるがいいや」と、啖呵《たんか》を切ってパチーンとカンシャクダマを破裂させ、とうとう日本から見えなくなってしまった。途端に前記の情景が出現したという次第である。

テレビジョン――日本の社交界

さてマツリは浮かれ騒ぐだけのものではない。拝跪《はいき》する聖なる場所がなくてはならない。学者の説によると、古代の神殿は現代では劇場、映画館などに姿を変えたのである由、現代マツリ日本でも立派な劇場、音楽ホールなどが次々に建立され、善男善女による現代の神々・スーパースターへの礼拝が盛んに行われている。そのうち最も手軽なのがテレビジョンである。しかもテレビでは拝跪する本能と、マツリ的に浮かれる本能の両方が同時に満足させられる。すなわちテレビ局の数の多いこと、番組がびっしりと一日中を埋めつくしていることも、日本がマツリ社会たることの証明であろう。マツリ的集団意識の常時興奮なしには、このような騒々しさに耐えられるはずがないからである（祭りの時は、太鼓や笛の音や掛け声、物売りの叫び声、泣き声、怒声など一切うるさく感じられない）。

日本のマツリ人間は、常に「感動」を求めているので、番組はすべてそれに応ずるよう作られ、科学知識の提供番組や、珍しい動物などの生態をみせる番組なども、何々のドラマ、〇〇驚異のドラマのように感動的に編集され、情緒的な音楽をつけて、そしてなお如何に感動すべきかの案内役をつとめるキャスターや専門学者のオシャベリを満載して放映される。また、マツリ意識の肥大が定着して、人生には常にふれあい、出合いのドラマがいっぱいであるとの幻想にとらわれた民衆の渇きをいやすために、テレビはふれあい、出合いに満ちたドラマを毎日放映している。そして長篇もののドラマが終わりに近づくと、薬の切れるのを恐れる麻薬中毒者の不安をなだめるためのように、はやばやと、次のふれあい大ドラマの予告篇を日に何度も何度もスポットとして流して安心させるのである。

またテレビは、往来や露路裏の井戸端会議がなくなった今日、その代用の役目も果たしている。いわゆる芸能人や各界の有名人を中心として、日本人が一つの井戸端会議を、テレビを通じて持つことになったのである。日常生活のフラストレーションの解消や、のぞき本能の充足の場であった井戸端会議が、このように公認された形で一日中催されているのだから、欧米の大衆化社会に比して今の日本の社会に狂暴犯罪の少ないのももっともかも知れない。テレビによって日本人は、日本国民共通の一つの「社交界」をもつようになった。貴族の社交文化華やかなりしころのヨーロッパで発行されていた「社交界消息日報」のようなものも今の日本では何種類も発刊されており、伯爵や侯爵夫人こそいないものの、社交界の名士の行動を日本人は逐一承知している。この社交界の名士は、いわゆる芸能人が大半を占めているわけである。昔は「芸人」というものがあって、「ハレ」の世界をつくり出して売りものとし、「ケ」の人つまり観客がこれを「評価」したのであるが、現在では観客も「ハレ」のオマツリ世界に住んでいるから、芸能人は厳しい「評価」を受けることはなく、観客の仲間であり、有名であることによってスターである。「ケ」が見えなくなったので、舞台と観客席は融合してしまった。テレビ社交界は、その象徴である（以上のことは、第一章で述べた「潜在的集団」の民族ぐるみの顕在化としても理解される）。

またテレビジョンの、キャスター、アナウンサーなどは、現代マツリ日本の「カッコヨサ」のアイドルである。なぜなら、現代の「カッコヨサ」は、「ケ」を難なくこなしつつ、「ケ」の気配を感じさせない爽やかさや陽気さにあることはさきに述べたが、キャスターやアナウンサーは、世界中の、酷熱・酷寒、飢餓、戦争、病苦など「ケ」の要請する労苦に満ち満ちた、人々や国々のニュースを、苦もなく次から次へと手の平の上で扱ってこなしてしまい、しかも本人は涼しい顔で完全空調のスタジオに座っているのだから、いやでも「カッコヨサ」を発散してしまう。そしてその裏にある、甚だしいハード・ワークであるに違いない当人の「ケ」の努力を、画面では気振りにも見せないことによって、「カッコヨサ」は確固たるものとなる。しかもこれに外国語を駆使する能力、世界の名士とインタビューするチャンス、そして社会・文化・芸術・歴史・スポーツ・経済などあらゆることに関しての高度に専門的な知識や理解能力までも伴っているとなれば、カッコヨサは最高のものとなり、憧れや努力の目標とみなされる。「ケ」の要請が大きくて多様（マルチ）であるほど、そしてそれをこなす知力・体力が大きいほど、またその努力の気配をおもてに出さずにいる自己制御ないし演技がゆきとどいているほど、「カッコヨサ」の度が高まるというオマツリ社会特有の原理のためである。

またスタジオと中継現場とのキャスターやリポーターのやりとり、もりあげるためのイキの合ったかけ合い、リポーターの、人々との「感動」的交流などを、画面で眺めていると、テレビ局がマツリの山車のテッペンであることが感じられる。最も華やかでもあるが、マツリへの貢献度も厳しく評価されるわけである。

コマーシャリズム

コマーシャリズムは、現代日本というマツリ社会の担い手である（昔から祭りは金持ちの寄付で催された）。したがって、コマーシャリズムの先兵である広告コピーには、このマツリの特徴たる情緒肥大、欲望の解放または露出、自己満足、カッコヨサ、カッコヨガリ、低い知能レベルへの同調、「ケ」の追放による虚偽的生活感（ウソッポサ）などが表現されてくる。このような一般論だけですでに十分であろうが、あえて一例を挙げれば「私の純愛をあげちゃう」などのような、露骨な性的思わせぶりと、だらしない優越感と、一種の近接感（汎アニミズム的体質からくる）のまじり合った、ほとんど融解しかかった「個」の腐臭までが利用される。このむなしいおぞましさに比肩しうるものは、古今東西世界中探してもなかなか見つからない。何が背景なのか？　例の金箔ノッペラボウである。奥行きのある、陰影のある風景はここにはない。ここは無影燈の下の世界である。過去のあらゆるものとは全くちがう、新しい風景が日本には生じたのだ。だから今の日本で起こっていることには、いかなる過去からの譬喩もあてはまらない。

さて、このコマーシャリズムは、マツリを支え、経済を支え、さらに世界の経済もかなりの程度日本に依存しているのだそうだから、日本のマツリ現象には、助長する要因こそあれ抑制する要因は存在しないようである。これは永久につづくマツリなのか？

マツリの終わりは？

以上オマツリ社会の諸相のわずか一部だけ、表面的に眺めてみただけであるが、まだマツリの山車は目まぐるしく、あとからあとからやってくる。マツリが始まって十数年経っているのだから、もう古くさいと感じられる場面もあったかも知れない。これからも新しい余興はいくつも出てくるのであろう。だがこのマツリはいつまで続くのであろう。元来このマツリの由来は、高度経済成長に伴うハシャギが移行して出来たものである。集団意識の膨張のうち「甘え」がウチ集団という日本社会を支える情緒要因として恒常的な、日本人にとってほぼ正常な状態であることは十分検討されたが、ハシャギは元来一過性のものであった。マツリも日本人の社会や人間性に深く根を喰い込ませているとはいえ、やはりもとは集団意識の肥大現象であるから、本質的には一過性のものであるはずである。生理的にそう長くはつづくことができない性質をもっているはずである。本来の祭りは、期限が来れば終わりとなり、集団意識の膨張は収まって「ケ」の生活に戻る。日本の今のマツリは、はじまりも誰かの掛け声ではじまったわけでもなく、みんなでいつのまにかこうなってしまった次第であるから、特にストップをかける者もいない。いずれだんだん集団意識が委縮し始め、部分的に「ケ」が拡大してゆき、マツリが限定された場に押しやられてゆくのか、それとも全般に「ハレ」とも「ケ」ともけじめのない世相になってゆくのか、今のところ判断ができない。あるいは一部すでにそうなっているのかも知れないという気もするが。

マツリ後の世代は？

マツリを終わらせる一つの要因は世代の交替である。つまりハシャギからマツリへ集団意識が移行するところを、ともに体験しなかった世代（おおよそ一九六〇年代半ば以降生まれか）が人口の中に占める割合が高くなるにつれて、マツリが鎮静してくる可能性があるかも知れない。しかし、それはその世代が、物心ついたときまでにはマツリに包まれていたのであるから、このマツリとないまぜになった自己の人間性からマツリ要素をちぎり捨てて（苦痛を伴い、血も流れる）ゆくプロセスが要求される。その結果なんにでもかんにでも同調することはしなくなるとか、兼好法師や平安女流作家達のように「あまりに興あらむとすること」をつまらないこととか、いやしいこととか見なす美的感覚またはそれに似たような趣味、さらには、新しい「精神」をもつようになってくるとかが起これば、このマツリは終わってゆき、新しい時代がやってくるかも知れない。しかし反対に「もっとマツリを！」と叫び出すかもわからないから、この予測は全く憶測の域を出ない。次にこの新しい世代について若干考察してみたい。

二、新しい世代の日本人

「分」の菲薄化始まる

高度経済成長のころ、自尊からはしゃぎの気分で膨らんでいた日本人の自我（意識）「分」は、まだそのうちに過去の生活と今との差の感覚、過去の労苦の記憶などをしっかり持っており、それなりの厚みを持っていたとみることができる。しかしその「分」は、すでに、ジグソーパズルの絵を構成する単位としての一つ一つちがう形であることを拒否し、みなが同形同大であることを求める一方（ケジメの消失、ノッペラボウ社会の出現）、また微小な差も求めたいというものになっており、そしてこの「分」には（こころの凝集力も、公のような権威化された集団からの圧力も働かず）、求心力はほとんど働かないものになっていた。そこで、もの心ついたときは経済大国日本になっていた、という世代の人々は、前の世代のこのような「こころ」の形骸化や「分」の変質のため、伝統的な精神をほとんど受け継がせて貰えず、また、西欧型の人間にみられるような、自己型精神構造もごく少数の人を除いては存在しなかったから、「精神」による自己形成というような現象は一般にはほとんど起こらず、その点では相変わらず全く日本人的で、集団との関連により、「分」によるしか自分をつかむことができなかった。しかも「分」の母たる集団が、ノッペラボウになっていたから、各人の「分」も、一様に何も「構造的」なものを取り込むことができず、厚みがなく、したがって極めて菲薄な「分」を持つことになっていったと考えられる。

この新しい型の「分」をもつらしい人々との意志疎通上の違和感から、古い世代の人々はこれにいろいろの名前をつけてみたが、結局「新人類」というのがよく用いられている。これは平凡ではあるが結局、最も正鵠を射ていると思われる。なんらかの形での求心力を、自己や自分のアイデンティティーに含ませていた過去の人間とは無縁の、まさに「新人類」が現れてきたのだ。彼等においては克己を軸としての、体験、学習、挫折、成長という本来の自我の発達が密度高く行われず、自己の意識体系全般の織り目が大きく緩んでいるため、これの密度高い発達に伴うはずの内的対話、つまり思考の積み重ねが少ないので、口元の構語筋の発達が弱く（思考が活発に行われるとき、構語筋の筋電図に活性があらわれることが証明されている）、口元の締まりのなさ（時に発語がうまくゆかないとの自覚症状にもなる）が目につき易い。若者達の、「語尾を長く引っぱってそこに力を入れる話し方」は、右のことと関係があるとすれば、思考過程がふわふわなため、語がふわふわと浮動して、文として構成されにくいのを内的に感じ、これを音としてしっかりつなぎとめようとするためではないかと思われる。

菲薄化した「分」の自己保存策

新人類の菲薄化した「分」は、菲薄であるため安定感に欠ける。マツリの雰囲気の中に漂っているのに適しているが、ときには個として、つまり「自分」として二本の足で立たねばならない。しかし伝統の「こころ」の凝集力や西欧型の自己の、「自己形成能」(これは幼児期から少年期にかけてその基盤ができる)のいずれも欠いているので、即席にでも、とにかく「分」のレベルにおいてなんらかの形成を行わねばならない。その一つの姿が「分」に装飾ないしなにかの装備をほどこすことである。その流行的にあらわれた現象がブランド志向であった。このブランドによる装飾された「分」意識に、若者の感性や情緒やらを巧みに刺繍《ししゅう》し、フィクションとして、文学作品として出現してきたものをみたとき、古い世代は全く唖然とした。人間のアイデンティティーたるべきものが、どこかの国で販売されている商品であるとは‼ しかしまさにそれが彼らのアイデンティティーだったのだ。彼らはアイデンティティーなどという言葉はダサイとか古いとかで相手にしないかも知れないが。言葉はどうでもよいが、人間は自分はこういうものであるという意識なしですごすことはできないものである。

次に菲薄化「分」を、ブランドではなく、西欧の先端的な学問(社会学、経済学、文化人類学、記号論理学等々)で装備した新しい知的エリートも現れてくる。この場合、早期に「分」の完結感が生じて、いわゆる大人になることが、滑稽な難業苦業と感じられ、モラトリアム人間の理論武装を大いに助長する。また西欧的知性に浸透されていると、集団意識に同調したり、これを自分の内に肥大させることができないことが多く、ウチ集団やマツリ日本に違和感を覚える珍しい若者となる。

「分」の装飾または装備は、一点豪華主義とか、ちょっとした生活様式の「差」志向、清潔志向、自分主義……など名前をかえていろいろ出てくるようにみえるが、半ばはコマーシャリズムの都合で作り出している。いやむしろコマーシャリズムの助けなしには「分」が成立しにくくなっているようである。

「差」を求めることを、事物による装備ではなく、自己の行動の破格さと奇矯さに求めるのが、若者の街角におけるパフォーマンスや、無数に現れてくるロックバンドである。

もっとも、ごく最近の流行として、自分の顔そのものを、正確な模像としたり、自分と似た顔をもつ縫いぐるみ人形を作ったりして持ち歩いたり、自室に置いて眺めるなどのことがある由である。「分」も菲薄化したとはいえ、内面性の構造の一つだったのであるが、それが内面性を失って、遂に顔の皮一枚に拠り所を求めることになったのかも知れない。だが「自分の顔は世の中に二つと同じものはない……」と言っている本人の言葉をきくと、やはり他との「差」にアイデンティティーを持とうとする「分」の本質は生きている。顔は精神が肉に己を刻印する場所である。**自己の模像を、足の裏や尻《けつ》の穴などに求めず、まさしく顔に求めたところに、**精神であろうとする人間の根強い欲求の痕跡が感じられる。

明治以降の若者の「分」再点検

ここで考えてみると、明治のいわゆる近代化以降の日本人には、西欧型の自己（エゴ ego の秩序体系）は、例外的な場合を除いては、一般には定着しておらず、個はたいてい「分」でしかなく、そのアイデンティティーの拠り所としての「分」が（こころの統御力が弱まってゆく中で）第四章で考察したように、さまざまな変質のプロセスを経てゆくのだが、特に若者の「分」は、前時代より必ずより菲薄化する傾向にあり、それがついに今日に至ったということではないだろうか。たとえば大正、昭和初期の左翼青年の信念はどのようなものだったのであろう。それを「分」の面からみると、日本の資本主義体制という「集団」を前にし、そして仲間の青年達の鋭いセルフ（self）の視線の中で、共産主義思想という西欧のロゴス的精神の一分枝をアイデンティティーとして自らの「分」の支えとし、これへの圧迫に耐えて、ますますこの「分」アイデンティティーを確固たるものにしていった。ある人々は、戦前、戦中の圧迫・拷問にも耐えてこの「分」を守り通した。しかし戦後になってからは、当局からの圧迫の直接的危険も少なく、左翼及びいわゆる「シンパ」青年の「分」は、せいぜい「資本主義体制という悪に私はどっぷり浸っているわけではない。それには抵抗している姿勢を持っているのだ」程度の、自己安定化のための、また自己満足のための「分」（特に仲間たる学生達の間での）となり、すでにアクセサリー的な気配をもっており、かなり菲薄化していたと思われる。そして高度成長期中頃までには、日本では個人の上に位置させるべき価値はすべて無力化しており、「分」に働く求心力がなくなっている一方で、高度工業化・市場原理経済体制化による管理の網は、やんわりと、しかしキメ細かく個をからめとり締めつける様相となってきたから、若者達の「分」は社会への反発を示しはじめ、何事によらず圧迫と感じられることに対して何々ハンターイ、何々フンサーイの叫び声となってあらわれたのである。そして何かの偶然で特別な信念のようなものがこの「分」にとりついてこれを装備すると、依怙地な自信に満ちて固定化し、極端な反社会的行動に突っ走るという偶発事も起きた。**突然「アラブの大義」や、一種の革命執念にとりつかれた若者達の「分」は、甚だしく突飛な社会秩序破壊行動として噴出する一方、彼らの仲間内での連帯が、速やかに恐るべき非人間性（恐るべき残虐行為で殺《ころ》される仲間も出た）へと変貌することによって、人間性の厚みをほとんど持たない、幼児的で菲薄な「分」の、一種の反抗的自己硬化症であることを露呈**したのである。旧世代人はこれら若者の心のからくりが理解できなかったので、怒ることも笑うこともできず、全く新規の、不気味な現象にただ呆然とするばかりであった。そして、一九六〇年代終わりごろ、いわゆる全共闘学生運動のころの、若者達の「分」は、もっと菲薄化しており、あまり依怙地な様相もなく、明らかに、すぐ後の世代の「差をつけるための分」に似た様相を呈しており、「恰好よく当時闘ったか」どうかが当事者達の間で今も思い出話になるのである。当時、今日の「ブランド志向の分」も顔負けするほどの多数の細分化された、**当人達以外にはその細分化の意味不明の、多数の何々派何々派の、学生運動派閥があったのである。**教育者側は、差別化の意味不明の派閥ブランドの間でウロウロするばかりであった。しかしその当時ブランド化された「分」は、痕跡もなく消えてゆき、大人になった彼らの「分」は、ウチ集団人の平凡な、勤勉な、体制ぴったりの「分」になって、日本株式会社を支えているのである。次に、新人類の「分」は以上とはまた一味ちがって観念より感性好みであるから、相変わらず高次の精神力ゼロの中で、自己安定化ないし固定化するときには、世俗性以外の要因は働くことがなく、俗物として、しかも一昔前とちがって相対化を受けることがないから、「絶対俗物」と呼ぶべきものとして成熟する可能性がある。何年か何十年先、新人類が中高年齢化した日本では、富や地位や何々クラブ会員章や趣味や教養や文学でさえ、もやで飾られた絶対俗物達が、そのころには国土の大半を占めているであろうゴルフ場やテニスコートつきのリゾート地をのし歩いたり、音楽ホールや劇場のそこかしこに**勿体ぶって座っていたりするかも知れない。もしそうなれば、日本は死ぬほど退屈な絶対俗物天国として、世界からのいかなる相対化圧力や相対化視線にも不感症の、「新ジパング不思議国」となるだろう。**

以上眺めてくると、さきに述べたことの確認になるが、ロゴス的な西欧精神の深い受容は、さきに述べた明治の先達的文学者、哲学者、宗教家、それから何人かの社会主義思想家・運動家においてだけであったと思われる。やはり衰えつつあったとはいえ、「こころ」の凝集力がそれを可能にしたのである。「こころ」の衰退とともに、日本人がロゴス的な西欧精神の受容もしっかりできなくなり、古来の伝統の精神力も弱まり、全体として精神性を貧弱にして、舶来品・ブランド品で身を飾る、技術や知識だけの、文明猿になっていった終点が、新人類の「分」超菲薄現象であると思われる。新人類は、彼らをそう呼んでいる旧人類の精神的衰退の結果、必然的に生じた現象である。ただし、これは旧人類の精神構造の主要部分の衰退が次の世代の中に、より明瞭に具現されたということであって、新人類が、別の新しい精神の構造を発芽させてゆく可能性は十分あるわけである。今ここで記述されていることは、退化してゆくらしい旧人類の精神構造としての「こころ」や「分」の様相だけを、新人類の体の中にある姿としてとらえてなされているのである。旧人類は新人類の中に己の姿の延長をみているのである。数十年か数百年後の日本人の体の中では、旧人類の主要臓器であった「こころ」や「分」は、盲腸のような退化器官として、痕跡的に認められるだけとなり、あるいは、その意味さえ誰も知らないものになっているかも知れないのだ。ただしそれは新人類が右にいうように新しいものを発芽させ、新しい身体を所有することになった場合のことで、それができなければ、**新人類自体が単なる盲腸か虫垂のようなものになり畢《おわ》るわけである。**

菲薄化「分」人間の乳児性

「分」のブランドによる装飾、知的装備などは、それなりにお金もかかるし、知識も要る、また思考・

学習の努力も要る。そこで「分」に多少の厚みもつく。しかしながらそんな面倒はしたくない、その代わり厚みはいらないからもっと楽に菲薄な「分」の不安定感をまぎらわす方法はないか。このような菲薄「分」肯定人間には、歌でこれをゆすぶって、揺り籠にのせたように不安定感をとり除く処置がとれる。このオマツリには休憩所も診療所も設置されているのだ。ニューミュージックなどの類いは、あたりさわりのない男女の情などを（多少の薬味として刺激的な言葉や危機的な気分も交えたりして）うたいつつ、さまざまの楽器の音によってこの「分」を適度に揺すぶって慰める。そして語尾を長く延ばす歌いぶりは、赤チャンに母親が顔を寄せて、「ホラ、オカアサンヨー」とか、「ホラ、オッパイヨー」などと語りかけるのとよく似ており、この種の「分」をもつ若者が、胎児や乳児のように、羊水や母親の胸に包まれていたいという願望を持っていることを示している。胎児や乳児に克己心など求めたら滑稽なことで、とにかくやさしくあやしてやる以外、手はない。でんでん太鼓ではあんまり子供っぽすぎるので、大人である証拠に恋愛感情などの歌などを使うわけである。また歌に限らず、一般にリズム感に富んだロックその他の音楽もこの「分」の安定化に必要で、**現代の若者が異常に音楽好きで、行住坐臥、乗り物の中でも勉学中も音楽なしに済まない状況なのも同じ理由によると思われる。**

やさしさ願望

やさしさ願望は、若者の間で大いに蔓延しているが、それは「やさしさ」がマツリのカッコヨサの一つであるためでもあるが、若者の「分」が、菲薄であるための、必要事でもあるのである。それに比べると、旧世代のやさしさ志向は情緒肥大のカッコヨガリであり、さきに述べたように弱者の居所のないマツリ社会にやさしさなど必要はないはずである。病院や、養老院や、また家庭においても、辛うじて見つけた片隅で一息ついている弱者を、まるまると太っためくらの「やさしさ」が蹴とばして通り過ぎて行ったりする。

しかし若者の場合はちがう。菲薄な「分」をもつ若者は、互いに相手の「分」を傷つけないようにやさしさを以て、というよりむしろ臆病さを以て細心の注意を払いながら交際する。ところがこの巨大にして精密な管理社会は、あらゆる人間の価値を数値化し、誰にもわかるような順位づけをしてしまう。だから若者がはじめての相手と交際するときは、その順位づけがわかるような発言は避けねばならない。**出身地も母校も趣味も、巧みに表現しなければたちまちその順位づけの一部があらわれてしまうのだ。少しずつ少しずつ、互いの薄皮を傷つけないように、微妙な信号をやりとりしながら接近してゆく、これにはなにか昆虫の触角による交信と似た風情がある。そして互いに傷つかない話題を見つけ出したら、昆虫が一緒に仲よく樹液をなめるように、それに没頭する。**

もたれ合い願望

次に、多くの若者は、その菲薄化した「分」に安定感を与えるために、友人とべったりもたれ合いの関係になることを好む。ここで行われるのは対話ではなく、独り言のつぶやきのようなものを飽きずに延々と交換することである。夜も昼も、電話などを利用しても大いに行われる。彼らの「分」は、自らの内部から何らかの力を受けて活性化することができないから、たえず外からの刺激を（しかしあまり異質の強い刺激では「分」が破損してしまうから同質の友人との話が最も快い）与えつづけねばならない。若者が大切にするものは何かと訊かれると、第一に「友人と過ごす時間」という返事がかえってくる。

「分」の癒着・融合

「分」の自立がもっと困難な、中学・高校生ぐらいの少年においては、友人同士の関係が、癒着融合と、それからの自分の引きちぎりの繰り返しとなる。「分」の外皮があまりに薄く、部分的には閉じられていないところもあるので、すぐに相手と癒着してしまうのである。が、しばらくすると（シャム双生児が結局は分離手術せざるを得ないのと同様の理由で）、違和感を生じてくるので、相手からの引きちぎりを、ことさら乱暴な言葉や行動とともに行う。しかし安定した自分がもてないので、独りで立っていることが困難で再び癒着の相手が必要となる。「イジメ」が、癒着融合したグループを単位として起こると、著しい非人間的な団体行動として発揮される。また新人類に属する若い母親の子育ての姿に、集団意識肥大で甘やかしの陶酔に抵抗できず、子供とほとんど癒着・融合しているのを見かける。しかしちょっとしたキッカケで、たちまちカッとなって子供からの「引きちぎり」の言動が現れる。この子供の哀れさ。

異常と正常との交錯

以上、多少の誇張・歪曲とりまぜてオマツリ社会の様相を描いてみたのであるが（みながオマツリで浮かれて『わたしゃしあわせ』と言っているのに、屈原ばりに「我独り醒め」てもいられないではないか、「以て足を洗うべし」と漁夫も教えるところだし）、しかし、マツリ酒の酔いをさまし、冠の紐をすすぎ、姿勢を正して朝日の光でよくみれば、案外この日本は正常に健康的にまわっているように見えてくる。街を眺めると、無邪気で可愛らしい幼稚園児や小学生が、喜々として通りすぎてゆく。子供を眺めるのは無上の喜びだ。だがちょっとコマシャクレて、利口そうにデキスギテイルのが気になりはするが。大学生らしい、知性的な、健全そうな若者もみかける。日本はよい若い芽がいっぱいあるのだ。先のことはそう心配することはあるまい。しかしこれらの若い芽達が、この日本のウチ集団社会人になってゆくと……集団、団体・組織、企業、官庁、政治ばかりが強くて、個人はそれらの挽き臼の中ですりつぶされてゆくだけのような、この日本社会の体質を変えてゆくことができるのだろうか？　経済大国でなくても、もっと一般の消費レベルは低くても、普通の市民が夏の一、二カ月を保養地へ出かけて、悠々と安価にすごせる国は多くある。日本では何かの団体がらみでなければ、全くの個人がそんなことをしようとしても、なかなかできるものではない。日本には個人の安らぎの場がない……と悲観的な気分になってきてテレビを眺めていると、海外のリポートをしている優秀そうな社会部記者の若者が見える。知力も体力もすぐれ誠実そうな印象だ。そうとも、日本には頼もしい立派な若者が沢山いるはずだ。きびしい世界の現実、日本ウチ集団社会とはちがう社会も肌身で体験している若者が沢山いるはずだ。そういう若い人達がそれらの多くの体験・知見をもとにして、日本社会への問題意識をもち、ある理想をもってくれなければ困るのだ。理想を形作る精神（知力でも気力でもよい）があるのかな、あると信じよう。しかしニュースが終わって連続もののドラマがはじまる。明治から大正時代へかけての、夢を追う若者達の話だ。結構すぎるくらいに作られているのだが、気になるところは、出演する人々が、老いも若きも、「平和の尊さ」だとか「おれたちの青春は」とか「二人は心から愛し合っている」などの、全体をよく知らずにその日の画面だけ見れば、現代の人達の話かと思ってしまうほど、今好みの常套句を連発すること。あの当時の庶民的な人々に、そのような通念があったとは思えないし、このような言葉遣いで語ったとも思えない。このような、いわば文学的リアリティーの希薄なものを見ていると、人間性への理解が甘くなってしまうのではないか？　これを制作する人々は（さっきの記者の若者のように立派な人々が多く携わっているのだろうが）世の中がホントにこのようだったと思っているのだろうか？

それとも多少のズレは承知で何かの意図でこのように作っているのだろうか？　その意図とは？　平和の尊さを改めて意識づけようというのか？　戦争への傾斜が日本の中に感じられるとして。また理想や夢を追う男達の姿、男の夢に惚れこむ女性の姿を描いて今の若者にも少し考えて貰いたいという意図か？　それとも「青春」という現代のカッコヨサを存分に味わわせて視聴者を喜ばせようとするわけか。娯楽でもあるべきなのだから時代の好みにも応ぜねばならぬというわけだ。まあこれが大衆社会というものだ。とにかく善意だけは十分感じられる。……つづいて夜の番組の予告のスポット。若い女性の、ただならぬことが起きたような（たしかに伝える内容はただならぬドラマなのだが）、火事場からの叫び声のような（特に画面を直接見ないで隣の部屋かなにかで聞いていると）キーキー声。次は教養番組の紹介スポット。ここにも女性キャスターだかリポーターの、文化や芸術に酔い痴れて、泣き顔とも笑い顔ともつかぬものになった表情。そこでまた別のチャンネルを出してみると、何かの事件で外国に拘禁されていた夫や父親の帰りを待ちわびたあげく、ようやく帰国の見通しが得られてほっとしている妻や子供達にインタビューする記者が、どんなお気持ちですか、何と言って迎えますかなどと、人目もある、同じ境遇でまだ帰れない人々への気兼ねもあるので、言葉が出しにくくなっているのに、なんとか「感情的な」、「感動的な」発言をさせようと、しつこくしつこくマイクを突きつけている。ただ「再会場面」の一点だけに焦点を合わせようとする、このマスコミの単細胞的情緒志向！　……やっぱりオマツリ日本の病理は否定しがたく存在する。

「ウチ」集団のその後——日本国の基本的なあり方という問題も

さて日本株式会社的ウチ集団は、オマツリ人間、「分」菲薄化人間などによって変質してゆくであろうか？　これらの新しいタイプの人間も、集団意識親和性を強くもっていることでは今までの日本人と変わりないようで、遊びやプライベートな生活の場は別として、目的をもつ組織集団に入ると、従来のウチ集団人とあまり変わらない人間にならされるようである。

今や日本人として、根本的に「日本的集団意識」にどう対応するかが問われているのだ。もはや、無意識的にこれとかかわりつつやっていくわけにはゆくまい。私見では、時計の針を少し前へ戻して、**古典的な西欧近代精神と自然科学的アプローチによる「日本的集団意識」の精錬が必要と考える。**それは「自己認識」という、意識的な「現代のみそぎ」として、日本がどうしても通らねばならぬ関門と感じられるのである。それはともあれ、またそれとともに、「日本的集団意識」としてこの小著で扱ってきたものの、もっと多面的・学問的な肉付けのある「確認」がなされなければならないだろう。**日本という民族や国家のあり方を基本的に考えなおすことにも繋がるこのような、「確認」や「対応」その他**

のことどもは、どんな機関（政府が噛んでいなければ真剣なことはできまい）で、どんな人々によって論じられるべきなのだろう。勿論ガラス張りの、おおやけの場で論じられねばならないのは当然である。それは右の私見の如く西欧近代精神の主要な理念に基づいて論じられるべきなのか、それに全面的に基づくことはないとしても、それを全く排除しての議論ということは、そもそもあり得ないとは思うが、それでも、もはやポストモダンの時代だ、そんな古くさいものは役に立たぬという人もいるかも知れない。日本は一九四二年のとはややちがった意味ではあるが、結局再び「近代の超克」という問題にも突き当たっているとみるべきではなかろうか。

この近代の超克という問題意識も踏まえ、基本的な日本国の理念が固められなければ、未来に対する最も重要な課題たる「教育」の基本理念をつくることができない。ことは焦眉の急なのである。西欧の伝統にも東洋の伝統にも深く釣瓶を落としてそのエッセンスを汲みとりつつ、このことに取り組まなければなるまい。そしてどのような理念や基本方針が持たれるにしろ、集団の一員としての意識とともに、世界市民としての意識が強く持てるような、広い客観性の観念を、子供のころから教育の場で強く植えつけるべきであろう。そうすれば「ウチ」集団意識もおのずからコントロールされ、日本の社会の仕組みもおのずから変化してゆくであろう。

「万機公論に決す」べき、このような取り組みは、しかし、焦眉とは言っても、そう簡単には動き出すまい。日本は言霊の国であるためか、各人（権威ある方々のほど）の言葉が「タマ」として堅さを持っており、議論の場でそれらがぶつかりあっても、戛然《かつぜん》たる響きを発するのみで変形を起こしにくく、融合して別のタマになる、つまり、新しい理念の「タマ」として生まれ出てくることが困難らしいのだ。……しかしいつまでも手をこまねいているだけでも仕方がない。だからさしあたり少なくとも、**次のことぐらいは当たり前の事として、庶民レベルで考慮さるべきではないかと思うのである。①「日本的集団意識」というものの存在と性質に、ひろく日本人が気付くべきこと。②ウチ集団意識が強まって、「ミウチだけでうまくやろう」という行動や気持ちに傾いていないかをいつもチェックすべきこと。**③「ソトに向かって開かれた気分・姿勢・対応」が、集団・団体・組織体の中にいつも流通しているかチェックすべきこと。しかしこの程度でさえ（どうも私は楽観的になれない）、道はそう簡単ではあるまい。認識の良薬は口に苦いし、また薬を要する病気などはない、との主張も根強いだろうから。

新人類世代の未来

いずれにしても、日本の新人類世代は、一応、精神の過去を失った新しい原始性の海の中で、「日本的汎アニミズム的体質と集団意識親和性」とかかわりながら、そして「世界の現実と人類全体の精神」とに学びながら、**日本人としての独自の意識的格闘によって、新しい「精神」、すなわち、第二の「こころ」ともいうべきものを創り出してゆくほかないであろう。**

（第一部終わり）

第二部

さて、以上第一部は終わり、これから第二部の論考に入らねばならぬが、第一部とはちがってギリシア・キリスト教的ロゴス自体が対象化され、天才達との間でその定位が問われ、それの変遷《へんせん》もみられ近代に及んでくると工業化の要因も加わって民衆というものが言及されねばならなくなる。アッこれは先走りすぎだ、話を元へもどそう。

超越者に対する西欧精神の「定位」は、ソクラテス以前からの、古代ギリシアの哲学者達の、自己と世界の合理的解釈の中へ自己を全的に（行動の原理、幸福の理念も含めて）「定位する」（プラトンにおいてはイデアというさらに強力な超越的な定位の原理が入りこんでくる）ことと、キリスト教的な、超越者・神の前での、人間の「義」の「定位」とが結びついた、最も強力な「定位」であった。

十六、七世紀からはじまる西欧近代精神の出現によって、この「定位」の原点は、「信仰」から、「認識」へ移ることになる。

西欧精神の、「定位」の力としての、ギリシア・キリスト教的ロゴスは、もはや古代の信仰における が如く、人間の全存在を、そして人々すべてを、神の恵みとして、まとめて全的に包みこむ、家のような、衣のようなもの（『コリント人への第二の手紙』５・１〜４）ではなく、各個人が、自らの精神的格闘によって、「世界と自己の内奥を通じての、全的な自己の定位を行う」過程の中もしくはその結果として、各個人レベルの、「ロゴス的包摂」として具現さるべきものとなった。

はじめは「理性の勝利」のように「定位」の確信に満ちていた、この精神的営為の姿は、十八世紀から十九世紀にかけて、急速に苦闘の様相を帯びてくる。

ショーペンハウアーは、「考えることが呼吸するのと同じくらい、その人の第二の自然ともいうべきものになった」哲人の姿を示唆しているが、ここには前述の「定位」のための思索の連続の中にのみ、自己のアイデンティティーがある、西欧近代の「休みなき精神」の一つの典型が示されている。右に述べた「ロゴス的包摂」は、人生最高の目標と感じられるものであるから、そこへ至る道程としての思索は、もはや休息することができなくなってしまいがちである。こうして、「精神性への偏り」という西欧の人間性の特質がこのころからあらわになってくる。

ショーペンハウアーでは、しかし、皮肉なことにこの「呼吸と等しき」思索の中で（スピノザの如く）全的な定位・包摂に達したとは思われず（哲学的に、理論的には定位は行ったとしても）、彼の本心からの慰めと安心は、「呼吸と等しき」思索とは異質な、インドの精神の中に求められたのである。

ギリシア・キリスト教的ロゴスの力が、理性的な定位の方はともかく、「全的に」西欧の人間を包摂し得ないという状況は、実はもっと早くから、気付かれずに始まっていたのかも知れない。「全的に」とは、精神も身体もということである。古代の信仰は、西欧でも東洋でも、「全的に」人々を包摂していた。ニーチェはすでに、スピノザの、神への知的愛によって全的な自己の定位と包摂に達し、「賢者の快活を妨げるものは自然の中には何もない」境地に安らいでいた筈の精神の中に、彼の『エチカ』の中に、「骨の軋む音」を聴きつけている（大もとが息切れしているのだから弟子の中に何等かの異状が出るのは当然）。

キェルケゴールは、ヘーゲルの壮大な哲学的構築物（彼本人によれば、究極の、絶対的な「定位」というところだが）に、あやしげな気配を嗅ぎつけ、この建物を作った御本人は、この大建築の中には住んでおらず、その前の門番小屋にいるのではないかと疑念を呈していた。

ニーチェ自身も、だんだんひどくなる「骨の軋み」に耐えながら、「極北」の民と自称したり、超人の思想を紡ぎ出したりして、自らの精神による全的な自己の定位・包摂を成しとげたと誇っていたが、すでにそれは深淵の上の綱渡りであった。その定位・包摂は精神の方向に著しく歪《ひず》み、身体の希薄化の上にかろうじて成り立っていた、軽業のような定位・包摂であった（我らの住む極北は、空気は薄く、寒さは厳しく、危険は大きい、と彼自身書いている）。

ギリシア・キリスト教的ロゴスは、その力を衰えさせ、もはや「全的」に西欧人を定位・包摂することはできず、まず「からだ」（精神を支え、かつ精神に無意識的に包まれている「自然」）の方への包摂力を失い、精神・理性の定位へ偏っていたのであろうと思われる。そのとき、「個人としての精神」がそのことを認めず（正確にはむしろ気付かず）、精神・身体含めての全的なロゴス的包摂を実現しようとするために、「からだ」は「精神」の強圧によって、寸法の小さくなった着物の中へ、無理に押し込まれるかたちとなり、苦しみ痛む結果となる。スピノザの中に、ニーチェが聴きつけた骨の軋みとは、苦しみ痛むニーチェの身体性の徴候を、スピノザの中へ投影して感じとったものにすぎないのか、それともスピノザにおいてこのロゴスの「寸法の縮み」はすでにはじまっていたのか（スピノザが肺結核のため四十四歳で死亡したことと、骨の軋みとが――ニーチェの空耳であれ、現実のものとしてであれ――関係があったかどうか。それは世界の精神の流れの中での、寸法の縮みの時期が正確に決められるようなものでないことと、天才の場合、肉体の病気とその人の本質的な精神的営為が結びついている場合と、無関係な場合とがあることとの両方から、判断は極めて困難である）、それはわからない。

ショーペンハウアーのころには明らかにその「寸法の縮み」は否定しがたいものとなり、「からだ」はなんとかして、この寸法の合わなくなったロゴスの着物からハミ出そうともがきはじめる。かくてショーペンハウアーの「からだ」は、往々インドの方へハミ出した。ヘーゲルの「からだ」は、ときどき前の門番小屋で一服していた。「からだ」がハミ出してしまえば、苦痛や緊張はなくなり、理性の方が作り出した「定位」を眺めて自己満足する姿が生ずる。しかし、元来、人間の「あり方全体」への鋭い感覚を持っているギリシア・キリスト教的ロゴスは、右のような、「頭隠して尻隠さず」を許容するものではなく、その畏るべき本性を、あらためて見せつけるためにするかのように、ニーチェやキェルケゴールのような人間の中に、「定位」と「包摂」の乖離を鋭く感じとり、それをいのちへの危険と感じたり、「からだ」の危険や精神の虚偽性と感じたりする感覚器官を生ぜしめたかにみえる。そこから、現代の「からだ」の中で古代を具現させようとするかのような絶望的な苦闘がはじまる（ニーチェでは精神性の高みへの飛翔を伴った心理学的身体という、未曾有の英雄主義、キェルケゴールでは最も厳しい信仰を現代の心理的・知性的活動の中へすきまもなく浸透させようとする一種の苦行）。これは、しかし破綻するほかない闘いであった。ニーチェの「からだ」は精神からの希薄化の圧力に耐えきれなくなり、「自然」の逆襲のように狂気の中へハミ出した（彼の梅毒がかかわっていたにしろいないにしろ、なんらか近い形の破滅となったであろう）。キェルケゴールも晩年、最もラディカルなキリスト教精神となって、世俗の教会と闘って無惨に挫折した。しかし教会によって挫折させられたわけではなく、彼自身の「からだ」が、すでに永年の精神の重圧によって極度の疲労に陥っており、突如卒倒の中へハミ出してしまったのだ。

……

現代では、ギリシア・キリスト教的ロゴスの力はもっと弱まり、もはや包摂は起こらず、辛うじて哲学者によって、精神的定位がもたらされることもあるが、実はすでに、それはほぼ知性の領域を残して収縮してしまっており、「からだ」は、すっかり裸になってハミ出してしまった。そして「我々には何もできない。ただ流されて行くだけだ」というサルトルの言葉に端的に現れているように、ハミ出してしまったことを自ら認めてしまったから、「からだ」の危険もなくなってしまった。その代わり、「からだ」は、何の座標軸もない「無」の中に無防備の「はだか」になって「投げ出された」ものとなった。「神は死んだ」と言っても、実は、それはキリスト教の神のことではなく、右のような、ギリシア・キリスト教的ロゴスの衰弱や収縮のことであった。そしてこの「宣言」によって、衰弱は意識化され、このロゴスの近代の代名詞であった「理性」や「精神」は権威を失墜してしまう。そこで以前からはじまっていた「工業社会化」という状況の中で、人間の「実用的機能化」は、大手を振って進められることとなり、信仰の力に全的に包摂されることも、精神による自己の定位も行いようもない大衆は、むきだしの、はだかの「からだ」として、「無」の中へばらばらに投げ出されていく。そして、ギリシア・キリスト教的ロゴスの「社会化版」として、はだかでばらばらになった大衆をあらためて包摂する理想を掲げたマルキシズムも、昔からの社会化版の本元カトリック教会に比べると、「遅く来て早く去ってゆく」運命にあるのか、その内蔵する真理や理念は別として、現実の適用においては包摂機能の挫折に至っている。「定位」の社会版・イデオロギーが終焉を迎えたのだとすれば、西欧も有効な座標軸をほとんどすべて失ったかに見える。現在、西欧も「無」の「たゆたい」の中へ陥ったかのように見えるのである。
しかし、ギリシア・キリスト教的ロゴスは、「からだ」への包摂の力を失い、精神の中でも知性の方へ偏ってしまったとはいえ、それは不死のようにみえる。もはや人間を直接的に、全的に包摂することはできないが、なお、その核は、**人間的真実と事物の真理追求の精神として、新しい哲学者努力や、文化人類学その他の学として人間の「定位」を意識して活動をつづけている。**そこには相変わらず「考えることが呼吸すること」と同じになった人間の姿が見え、その活動は、世界と人間性の客観的認識へ着実に何かを積み重ねてゆきつつあるにもかかわらず、東洋の一隅から眺めていると、何やらシシュフォスの業苦の継続のように感じられるときもあるのである。それはあたかも、からだの「蛋白質」を失ったＤＮＡ（デオキシリボ核酸）やＲＮＡ（リボ核酸）が、なお生命を失わずウイルスのように生きつづけている姿に譬えられるのではあるまいか。そして興味あることに、その探求の鋒先は、大昔東洋の超越者的精神が、ギリシア・キリスト教的ロゴスより、はるかに強力に手厚く包摂していた層（右に述べた意味の「からだ」や物質の構造）へ、もっぱら向けられている。

またこれとは別に、近代精神と並行してギリシア・キリスト教的ロゴスが、モノへの探究にのみ専心することになった、このロゴスの分枝がある。自然科学である。ここでは、宇宙の構造を研究するといっても、**古代ギリシアの自然学のように、自己の行動の原理まで包括した体系を求めるのとは本質的にちがい、**モノの、物質や物体としての法則性、モノ相互間の原理や法則を追求するのである。**はじめは、多少古代の自然学の要素も持っていた科学は、その後、技術へと発展した分枝をもつようになると、人間にとって、どんなものになるか不明の、不気味ないきものになりつつある。**例えば、将来宇宙への人間の進出も行われるであろうし、そのとき、宇宙空間のある場所やある状況に適合した、「改造人間」を造り出すことも可能になっているであろうが、この種のことをどんどん進めるべきとして肯定するのか、中止すべきと否定するのか、そのようなことが、もっと先の人間にとって、安全な良いことなのか、危険な悪いことをもたらすのかの判断もギリシア・キリスト教的ロゴスからは出てきにくいであろう。そして科学・技術の立場からは無限の対応策が提示され得るであろうから、コトはどんどん進行するであろう。

さて宇宙の中における地球であるが、天動説から地動説へ大転換があったとき、地球は大きくゆらいだのだが、幸いその後ニュートン力学的宇宙像の中に定位し、人間の心理にとっても、安定した場所だったわけである。

人間が、直観的に理解できる世界は極めて限られた範囲である。電磁波を例にとっても、そのほんの一部分しか、人間には光や色として感覚することができない。聴覚も然りである。また人間の想像力も限られていて、何億光年というような距離を実感として受けとることはできない。ところで**人間の幸不幸の実感や生き甲斐など、また芸術的高揚、真正な宗教的啓示なども、この「実感」(とそれに直結した知性・理性の働き)」の上に成り立っているのである。生物の一種としての人間の、この「実感」的存在としての「有限性」は、科学が如何に進歩しようとも、大して変わりようがないであろう(SF的興味や興奮と、真の芸術的感動・哲学的認識、また病的な心理的現象と真正の宗教体験とを混同しないことは重要である)。**

ところが、大まかに言えばアインシュタイン以後、整然たる秩序感を人間に与えていたそれまでの宇宙像は実感できない宇宙の中へ消えてしまった。「一般と特殊の二つの相対性原理によって、空間と時間が結びつけられ、リーマンの四次元空間が生じる」ということで、時間が直線的に進んでゆくのでないなら、未来戦略も何も描けないではないか。極大の宇宙についても、極微の物質構造についても、実感の外側で行われる際限のない新発見は一般人の心には縁の遠いものになっている。人類は今や、実感の外側からもたらされる科学・技術の恩恵や脅威（原子力エネルギー、遺伝子操作など）を受けながら、いのちや地球についての「実感的座標軸」を失ってしまったというのが「実感」であろう。「どこからどこへ？　どんな意味が地球や人間に？」。答えは宇宙からはきこえてはこない。最先端の、生命や物質の科学的研究の成果や、また人類の宇宙への進出も、このようなことへの回答になる可能性は小さく、あるとしても、それは遠い未来のことであろう。当分、人間はこの地球にしがみついていなくてはならないのだ。そして今、環境問題にあらわれているような、地球の安全性、いや存続可能性さえも危ぶまれるような状況の中で、この地球を、まがりなりにも運営しているのは、やはりギリシア・キリスト教的ロゴスであると言うほかはないであろう。バッハやベートーヴェンとは別の手法によって、人間性の新しい面を開拓《かいたく》するかのような十二音音楽や、表現主義の絵画なども、ギリシア・キリスト教的なロゴスが開拓してきた人間性を超えて、未来の人間性の役に立つようなものを示し得るとは言い難く、やはりギリシア・キリスト教はロゴス以外には、人間が頼る「親方」はないのだと感じられるのである。しかもそれは、自由や、平等や、人間の自律性などの理念を主とする「古典的」な近代精神である。今、地球は、操舵手しかいない船のようなものであろうが、その操舵手はこの古典的近代精神なのである。

地球が暗礁に乗り上げないように、さしあたり舵をとる運転者である。**しかし船長がいない！**　東洋のものも含め、今まで述べてきたどのロゴスも、どの精神も知性も、地球号の船長の役は務まりそうもないと思われる。

さて、西欧の哲人ないし賢者が古来とってきた心の平安への道は、現代のこの人間性の危機を理解するのに一応は役立つように思われる。その道とは、人間存在（いのち）の上部構造である世間的しがらみに伴う欲望や感情を「認識」によって解消し、日常性・身体性という下部構造（つまり「からだ」）へ復帰することであった。唯物論的なニュアンスをもつ学派の人々（デモクリトスをはじめとしてエピクロスその他）に限らず、ストア派の哲人も懐疑派の人々も大なり小なり「からだ主義者」だったのである。そしてニーチェもからだ主義者だった。自己や世界に関する妄念を去れば、「人間存在は要するに肉体、身体でしかない」という意味のことが彼の著作のあちこちに述べられている。

現代では、この上部構造としての「社会」への、「いのち」の「巻き込まれ」が深く複雑にいり組んだ形になっており、精神が個として限界感をはっきり持っての独立性を意識しにくくなっており、さらに右に見たような科学・技術の進歩によって、人間の「実感的有限性」の意識がぼかされるため、ますます「いのち」のうちの「からだ」が、精神によって見えにくくなり、支配もしにくくなってきている。そして精神からはなれた「からだ」は肥大して刺激を求めて勝手に歩き出そうとしながらも、精神ならぬ社会の管理の鉄の爪で押さえ込まれている。「いのち」の内部に弛緩・無力部分と肥大・緊張的なものが共存して統制がとれないでいる。精神は社会という上部構造のからくりや科学・技術のもたらす膨張的観念の中へ拡散させられ、本来の役目たる理性的な座標軸の保持から離れてばらばらの知能的機能へと退行してゆき、一方からだは人間においては単なる動物ではなく、プラスアルファをもっているから、精神に見放されると、肥大して自然でも精神でもないものに変質してゆく。現代の人間性の危機はこのように、いのちの内部に弛緩や拡散や肥大や緊張が起きて不安定となり、また精神による定位がほとんどなくなって、いのち自体の位置づけがなくなった状態とみることができよう。どの要因が強くあらわれるかまた強く意識にのぼるかによって、不安、焦燥、疎外感、ニヒリズム、またいろいろな反社会的な行動や心身症的な症状としての発現になるのであろう。

次に東洋のからだ主義は、ギリシア・キリスト教的ロゴスのかかわりはなく、からだの方が降りてゆくという意識もなく、もっと根っからの、**からだ自体の方に原動力をもつ、本来的からだ主義**のようにみえる。**「世の中は食うて糞《ばば》して寝て起きて、さてその後は死ぬるばかりぞ」という禅坊主の徹底したからだ主義は、勿論仏教の奥義を究めて到達したのではあるが、元来は理論・理屈や知性から来たものではなく**、それを通らねばならぬとしても（正規にそれを通らぬ自己流のものは野狐禅としてその真正さがあやしまれる）、それを放棄したところから本当のからだ主義が活《かっ》生命を得ることになる。

「分別の想を起こさずば、劫火海底を焼き、風、山を鼓して相撃つとも、真常寂滅の楽、涅槃の相・是の如し」（『六祖大師法賽壇経』）。この恐るべき大自在の根源力を含んだ、**ダイナミズムを秘めた「平安」**の境地は、東洋の根っからのからだ主義の真正・強力なポテンシャルエネルギーが、「分別」という殻を破って躍り出た姿とも言うべく、実にありがたいと感じられる。

杞憂として有名な例の話にも、天や地が崩れ落ちるものかどうかという理屈めいた議論があり、理知によって天地の構造にかかずらわないわけではないのであるが、結局、列子の鶴の一声のように、はっきり決めかねることについての判断停止または判断不要が宣せられ、知性にはちょっと相手になって、いわばお義理で顔を立ててやり、さっさと「からだ」へ凝集してゆく東洋の精神の本来的な傾向が示されている。ただこのような東洋の真正なからだ主義も、時代が下るにつれて、超越的なもののからんだ精神力の衰えとともに退化し、さまざまの秘法や薬物によって不死の力や飛行能力を得ようとするような、妄想的なからだ主義へと堕落してゆく。また現在の日本でも、一休和尚のような、徹骨徹髄・無一物の自在さによって、あやしげなにせものを慄《ふる》えあがらせるだけの力をもった真正なからだ主義があるとは考えられない。

現代の人間性の危機へは、東洋本来のからだ主義の伝統も、その本来の力の衰退もさりながら、元来「いのちの上部構造」のからくりに切り込む道具（これは人類が協力して発明・創造してゆかねばならない）を備えていないので、直接的にはアプローチできる見込みがないようである。

そして現代日本のマツリ現象は、「からだ」の一部から発した肥大が、上部構造や精神にまで及び、これを侵食・変貌させつつある珍現象であるが、（そのため「いのち」の内部の不調和や統御不能が意識されにくい）、世界全般で、からだの肥大がもっともっと進むのだとすれば、ある程度その先取りを演じている面もあり、反面教師の意味もあるかも知れない。日本のこのような表面上の「不安なし現象」や、汎アニミズム的体質による、いのち自体のたゆたいに平気である性質などは、現代の一般的な人間性の危機に対して、一種の一時的には麻酔薬のような意味をもつように見えるかも知れないが、そのままで本来的な治療薬になり得るものでないことは勿論である。しかも汎アニミズム的体質から来る

「ウチ集団」の対ソト盲目性、閉鎖性、非倫理性へ陥る傾向は、人間性への新たな脅威にもなりうるのである。上記人間性一般の危機を現代のいのちの内臓疾患とすれば、日本のこれは、前近代いやむしろ原始的要因の毒が、現代のいのちへ肥大的・膨隆的・腫瘍的に発現したものとみることができよう。**しかし毒が使いようで薬になることはよく知られている。日本の原始性の毒が、現代の疾患への根本的治療薬になる可能性を全く否定することもできないと感じられる。**それはあるいは、ニーチェにおいて挫折した、西欧的なからだ主義実現の伝統的手法への、東洋のからだ主義の動物性・衆生性（汎いのち性）要因もからめての、下方からの原始的エネルギーの注入によって起きるかも知れないのではあるまいか？

ギリシア神話の巨人アンタイオスは、足が大地に触れるたびに新たな力を得るのだという。「からだ」を失って、宙を飛んでいる感のある、かつての巨人、ギリシア・キリスト教的ロゴスの末裔、または「部分核」のような、DNA・RNA的ロゴスが着地して、蛋白質を作り出し、新しい「からだのようなもの」を持ち、その中で理性や精神をも新たに「合成」して、この「人間性の危機」の世界に、再び全的な定位をよみがえらせ、人々を一つの「衣」で包む力となるには、いったいどこへ着地したらよいのであろう。古代の中国か、インドか？　**それとも、それは、日本的汎アニミズム的体質・集団意識親和性という、原始性の大地であるかも知れないのではあるまいか？**

第二部のあとがき

現在、世界的規模で感じられる、「人々を一つに結びつける観念的な力」の退潮の一つの姿を、西欧の精神的営為の流れの中に眺め（西欧の代表的精神の中からほんの数人を引き合いに出して）、その姿の傍らへ東洋を、しかしさしあたり「日本」を置いてみて、両者の本質的な差の印象をはっきりさせてみたい、そしてその上で現代から未来へかけて、なんらか創造的な意味のある「相互作用」が起きてくる可能性が感じられないか、空想してみたいと考えたのである。現在も十分には見透すことができないくせに、未来を想像するのはおこがましいと言われるのを承知の上で、いや見透せないからこそ、未来に想像をひろげたくなるのである。

近代以降の状況を、西欧では包摂的なギリシア・キリスト教的ロゴスの「無力化・収縮」として、また日本では「こころ」のような精神的メカニズムの形骸化ないし喪失として、単純化して見立てた上で、特にここ数十年ほどの両者の姿を対比してみると、日本では第一部第五章で述べたような、オマツリ的集団意識肥大にからんだ諸現象があることは確かだと思われるが、欧米工業化社会では、欲望の肥大や露出に日本との共通点も感じられはするものの、基本的にはやはり甚だ異なった流れの中にあるように思われる。西欧の「はだかになったからだ」とは、いわゆる疎外やニヒリズムに相当するものであろうが、日本では、肥大して一部好ましからざる様相を呈しているとしても「日本的集団意識」があり、また頼りなげで少々あやしげな気配もあるとはいえ「分」の意識もある……つまり日本人の「からだ」は、欧米人におけるよりは「はだか」ではなく、とにかく「ころも」らしきものに包まれている、と感じられる。日本には西欧的な意味での疎外やニヒリズムは、存在しないのではないか。

次に、この論考の随所で見たように、定位なしの「たゆたい」の中で、「安らぎ」を見出し得る日本人というものが、その特質が何かの精神的実体と結びついたとき、この地球と人類に、なんらかの形で貢献する可能性がありはしないかという空想にもちょっと触れてみたわけである。なお、たとえば、欲望の無限拡大・充足という、現在の地球人類の歩みの方向が、なんらかの理由で否定されねばならなくなったときとか(その時点で食糧や自然環境、またエネルギー獲得や宇宙への進出などの面で、技術的には行き詰まりはないと見えているにせよ、そうでないにせよ)、また地球人類が一つの緊密なまとまりとならざるを得ない状況(つまり〈地球征服軍〉など)の出現が生じてきたときなどに、西洋ではなく日本の「体質」や、東洋の精神的遺産が「創造的な意味のある相互作用」を促進することになるのではないかなど……。

空想から現実に戻ると、日本に対する懸念と日本へかけたい夢とが、本文のあちこちで言及したことを繰り返させることとなる。日本の今のオマツリ社会の相は、おのずから消えてゆく可能性もあるが、ウチ集団社会の方はそうはゆかないだろう。そしてこれが日本人自身によって、根本的・意識的にコントロールされることなく過ぎてゆけば、かつて絶対君主制や専制政治体制が西欧近代精神によって受けたと同じような挑戦を、この精神の延長線上にある「世界の通念」によって受けることになるだろう。ウチ集団社会が近代以前の残滓《ざんし》と見なされて。「ウチ」には近代以前の要素があるのはたしかである。しかし「ウチ」をギロチンにかけてはならぬ!「ウチ」は日本人の生理にまで根ざしたものであり（新人類世代以降もこの点は同じ）、「ウチ」を否定することは日本を否定すること、そして日本が他の何かに変わることはあり得ないのだから、結局日本を破壊することになってしまう。だからこそ、「ウチ」をコントロールして、「ウチ」の本質から出てくる長所を温存しつつ、開かれた「ウチ」とし、理解される「ウチ」とし、「ウチ」へ加わることが他国の人々にも喜びであるようなものにしなければならない。それにはまず「ウチ」の原理や構造を、まず日本人がよく認識し、他文化の人々にも了解できるようにする努力をしなければなるまい。本文でも述べたように、この書物の中で示されたのは「ウチ」の一つの解釈、一つの視点にすぎない。**「ウチ」の原理と本質を学問的に確かなものとしつつ、コントロールの道を探らねばならない。日本社会の枠組みの模索や、国家・民族の理念の創造**なども、これと無関係になされたのでは、肝腎の底が抜けた空論になってしまうだろう。また、自覚され、精錬され、純化された「ウチ」は、輸出可能な「文化」たりうることも考慮しておくべきである。この小著も、そんな問題意識に、できる限り取り組んでみた次第である。そのような「認識」や「自己改革」の取り組みの如何によって、日本民族の器量が、はじめて世界の注視の中で問われることになるであろう。それは日本を守るためだけでなく、ひろく世界との「創造的な相互作用」につながって、あるいは人間性への新しい寄与となり、人類に大きく貢献するかも知れないのである。

西欧の国々が日本をお友達と見なしてくれ、仲間と見なして、一緒に何かしようと言って手を伸ばして下さるならば、こんな嬉しいことはないではないか！

（第二部終わり）

第三部

第三部は現在から未来へかけて、日本はどうあるべきかについて論じたいと存ずる。今まで縷々《るる》と述べてきた日本の文化理念に応じた戦略であればよいと思うが、学者や識者の言うところをきいてみると、これからは「より楽しく」「よりしなやかに」が求められている。「より速くより力強く」などは成長経済の時の理念であって、「これから」のものではないということであったが、実際には日本は相変わらず「働け働け」の社会であまり変わってはいないし簡単に変われるものでもなさそうであると言わざるを得ない。足が地についた日本の戦略を考えるとすれば、さしあたり日本が培《つちか》ってきた「おもてなし」の文化にもとづいた戦略理念によるのがよいのではないか？　戦略と称して安易なものを持ち出したように見えるでしょうが、他に智慧が浮かびません。

直裁に申し上げれば、「芸者」などが最も現実的で、まず考慮すべきものと思われる。世界からのお客を増やすべく、少々革新的な取り組みも辞さずにやってゆくべきである。「芸者」の世界は意外に保守的であって、素早い変化には抵抗を示すだろう。自分達の立場が侵されるとすぐ感じるからである。国の方針だからなどと言われれば益々そうなってしまう。まず政府の中に担当部署と担当人物をはっきりさせ、地方自治体にも同様の仕組みを作り、両者の協力態勢を築き上げねばならない。いずれ地方の経済にも好影響が出ることは地方自治体の長はチャーンと承知している。芸者の世界では景気のいい話は大好きだ。芸者衆が景気の好いのに気をよくして高揚していれば地方全体も経済が活気付く。改革の担当者は時機を見はからって動き出し、国からの予算も自治体も自分自身も出し惜しみなく受け取れるようにしつつ、両者の共同作業として、まず芸者の数をどの程度増やすかなどの課題に取り組んでゆく。これには料理屋や芸者置き家の女将《おかみ》やまた芸者の姉《ねえ》さん方の理解が物を言う。この世界では先輩後輩のキマリがとても強く、(芸能界は皆そうだが)女将さんや姉さん方の機嫌《きげん》を損じたら何も動かなくなってしまう。最初は二、三倍、ついで四、五倍? 思い切って五十倍百倍というのはあり得るのか……。大風呂敷を広げる一方で、大小の改革は知らん顔でどんどんやってしまって、改革の風を受け入れやすくする。現実を離れないで進めていって結局世界中のお客が大喜びして、日本の「おもてなし」の文化の評判は世界的なものになる。

さて態勢が急激に大きくなってくると、例えば三味線の大事な材料である棹の市価が上がったり、インドからの紅木《こうき》の輸入は大丈夫かなどの問題も起きてくるかも知れない。三味線を作る職人への援助や、芸者自身への手当などの問題も出てくる可能性がある。

また若い女性達の間に、芸者予備軍のようなものが生まれてきて、芸者になりたい、募集に応じたいがどうすればよい? また今すぐには三味線も弾《ひ》けないし、小唄・端唄も歌えないと沈みこんでいる女性には「おもてなし」の精神で思い切ってお座敷へ出て行けばその心意気だけでなんとかなるし、ある専門分野の知識が豊富なら話し相手として歓迎されることもあり得るのだと元気付けてやることも必要だ。これすべて先にも述べた女将さんや姉さん方の理解・応援が不可欠である。これには時間かけての「情《なさけ》」の文化が必要だ。培養にも「なさけ」がなくてはならない。能率的で冷たい官僚の、「面倒みてやる」文化ではどうにもならないのだ。

次に、**日本は生きたままの大乗仏教を保持している世界で唯一の国**ではないかとの考えから世界に働きかけねばならないであろう。また、宗教がからんでくると具体的なコトをぶつけてゆかないとすべて曖昧化してしまうからそのつもりでやろう。

まず京都では常時大乗仏教に関する伝統文化の論議がなされており、大学において外国人も日本人も無料で聴講《ちょうこう》できる態勢ができていなくてはなるまい。沢山の宗派が沢山の伝統文化を持っており、すべてにかかわるコトはできないからどれを選ぶか決めねばならない。まず媒介的なことからやる他なかろうが、それにしても、現実的な役割はどこに？　京都市か京都府か、あるいは国か？　ひとつだけの大学では無理であろう。どの大学とどの大学をえらぶのか？　二つでも足りなければ更にもう一つの？

禅の「修行」の場はまず永平寺ということになろう。新しい建物を永平寺の近くに建てねばなるまい。近くに土地がなければ遠方でも仕方ない。とにかく建物を作るのだ。そうすると外国の希望者もやって来る。道元禅師の教えを伝えるスタッフの態勢もふやさなくてはなるまい。国の中にそういうことに旗を振る組織が要るのでないか？　既に在るのか？　各宗派の檀家《だんか》はこれらの事にどうかかわるのか？　関係ないという立場でもいいだろうが、一応中味を知っている必要はあろう。また宗派によっては外国人の宿泊の面倒を見るコトをしているのもあるだろうが（坊《ぼう》）、そういうことを広げてゆくのか、縮めてゆくのか？　そもそもそういうコトに外国の側から希望があるのかないのか？

また、**世界の精神文化の中で日本の仏教理念**を発揚するには、日本の西洋哲学者と日本の寺院の僧侶との合作競作が必要であろうが、そういう事は、既になされているのか、今後なすべく考慮されているのか？　日本が世界の中で、「精神」や「文化理念」によって重きを成してゆくのであれば、このようなことも考えてゆかなくてはなるまい。世界がコロナパンデミックの状況もあって（コロナ以前からのことでもあるのだが）「精神の危機」にさしかかっているというのが一般の意識であるのに、日本が知らん顔しているのは異常であり日本不信のタネを孕《はら》んでしまうのだ。

箏曲《そうきょく》の活用

江戸幕府の下で（中頃から終わり頃にかけて最も盛んに）、盲人の最高位の検校《けんぎょう》や勾当《こうとう》が箏曲を作曲して世に送り出した（特に光崎検校《みつざきけんぎょう》、八橋検校《やつはしけんぎょう》など）。箏曲は「日本的集団意識」「日本的アニミズム」「日本的ウチ意識」「日本のこころ」など文化理念のエッセンスを含んでおり、これと毎日かかわっていると日本的体質がすっかり身について、さむらいはその姿（風姿）が最も立派だとして外国人などの称賛の的となり、奥方や娘達（容姿）の美しさも最高にかがやいて、それは幕末から鹿鳴館《ろくめいかん》時代まで、外国人や日本人自身を魅力のとりこにしたのだった。それは彼等の教養のもとになっていた箏曲によるところ大であったのである。

箏のメロディーの美しさ、尺八や三弦の愛らしいひびき、唄い手のよい声などが一体となって毎日それを聴いていれば右に述べた古典的日本人のアイデンティティーが結晶し、**日本的人格が**高められ磨きあげられる。

全国の小学校で一年生から六年生ぐらいまで、週に一定時間箏曲を聴かせるという教科を作る。山田流、生田流の箏曲家も交え、学者や識者が国の担当者と共にプロジェクトチームを持ち、討議して見解を固め、国の方針として早急に実施してゆくべきではなかろうか。

第一部で述べた日本のアイデンティティーを明らかにするにしても、まずは日本は集団意識を涵養しておくことが必要である。近代化以後の日本ではギリシア・キリスト教的ロゴスより、日本的アイデンティティーを保護して養っておくとは一寸妙なことのようだが、現実はそうなのだ。そこではじめて両者の止揚《しよう》（アウフヘーベン）による正しい「認識」も可能になるのだ。

（第三部終わり）

この本を読まれたかたへ、尚《なお》、著者より一言《ひとこと》

何気なく読んでいる時、思わず失笑してしまったことはありましたか？　気分が軽くなったでしょう。また笑う程ではないが、フムフムなるほどそういうことだったのか、私にも関係したことだったんだねと納得してなんとなく気分が上向いたこともあったでしょう？　それが認識（人間性一般のうちの或る部分についての）というものなのです。あなたの気の付かないうちに、あなたの心の中で似たようなことが起こっていました。あなたの心が一段《いちだん》高められて奇麗になっていました。気もつかず、何も努力しなくても認識が起こっていたのです。

あなたの家族の方やあなたの友人にもこの経験を話してこの本を読むように勧《すす》めてください。とにかくこの本は経験にまでゆかなくても無意識のままの心にも働きかけて何時《いつ》の間にか良い影響を与えてくれるのです。こんな楽《らく》な勉強はありません。

一生懸命、真剣に読めば、あなたは日本人の心の、昔からの姿をいろいろの文化の現れとして知ることになります。つまり日本という国の成り立ちを、はじめ（太古）から今に至るまで知ることになるのです。と同時に西洋とは何かということも、大凡《おおよそ》わかってしまいます。人類というものが大体把握されるのです。外国旅行も気楽になりますね。旅行会社が出している、各国の文化の概要説明を読めば世界中が皆お友達になるわけです。

いいことばかり話したわけではないでしょう。第一部四章、五章に示してあるような、みっともなかった、そしてひどく悪かった日本人についても、一応心に留めて置きましょう。いいことやみっともないことが同時に説明される「日本的集団意識」や「汎アニミズム的体質」も理解すれば日本の根っこが把握されたことになります。日本人の精神の独特な機能「こころ」もはっきりします。こころからは沢山の文化が生まれました。（第一部第三章）

第一部一章、二章を理解して他人に説明できれば、あなたは日本文化の起源の紹介者となり、特に外国人にとって大切な役割を果す人として尊敬されるでしょう。

他人の前に自らを低くする徳目すなわち「謙遜」modest（英）Demut（独）modestie（仏）はこれからの人類にとって最も重要なもので、それは超越者がらみでひねり出す必要もなく、極めて素朴に身を低くすることで、よく知らない人々との初めての接触をも平和的なものにします。日本人の汎アニミズム的体質（第一部第二章）は多くの他の民族におけるのとは違ってヒトのみならず「モノ」までもすべて仲間と見るのですから甚だ平和的なのです。世界平和に貢献しない筈《はず》がありません。いずれは宇宙規模の貢献になるでしょう。人類が宇宙にまで進出する時、どんな不可思議な生きものに行き当たるか知れたものではない。どんな相手でも仲間にすることはとても重要なことなのです。

日本の「汎アニミズム的体質」や「日本的集団意識」は、広大な文化的可能性を含んでいるものだから、今後ますます重要なものになるに違いない。ただしこれはうまく使わなければならない。非文化的、反文化的動きを直ちに察知して管理・制御してゆかねばならない。ただ日本人一般の教養が高くなっていなければならない。日本人は、皆よく勉強して修業をしてそういう人格になっていることが世界に対する義務なのである。日本人は「生きとし生けるもの」の友人であり、先生であり、指導者であり、親分でなくてはならない。宇宙規模の事どもを治めてゆく「政府」は結局日本人が当たらなければならないかも知れない。どうしても、日本人は大きな器量を備《そな》えた人々になっていなければならない。そしてその政府は日本の東京に置かなくてはならないかも知れない。小さな国の小さな人物だった（今もそれは相当残存している）日本人がそんな期待をかけられているとしたら、さあどうする、どうする⁉　まあ、そういう時は落ちついて、一服することが大切です。

大きな期待をかけられれば、大きな目標が生まれ、それに向けた取り組みを始めてゆけば、人々の姿勢も大きくなり、人物も大きくなってゆくものだ。もう現在から日本の政府の中にそれを考慮した「取り組みの組織」を設置すべきだと思われます。ただしはじめは注目の的《まと》であるそういう研究的な組織は、ある時期には段々人々の意識から遠のき、時には全く忘れられたものになってしまうこともあり得る。どんな逆境でも平然として、粘り強く努力してゆかねばならない。強い個性、中には一風変わった風格の人も必要であろう。また上皇陛下などどんな皇族の方でもよい、それらの方の直轄もいいかも知れない。それを通じて世界の要人と接触できるのも有意義ではないか。またこの研究的組織の人々は、気軽に快く講演なども行い、一般民衆が聴衆であることも拒んではならない。

日本は結局、まだまだ、ぼやぼやしていてはいけないということだ。お互いしっかりしましょう。ただし集団の締めつけに陥らないよう注意しつつ。

大きくなった日本がなにかに突き当たるかどうかして、考え込まなければならなくなった時、日本全体のこととして考えるのであれば、専門家の姿勢ではなく（父親が家族の人々の雑多な考えや願いに耳を傾けてまとめる時のように）耳も目もよく利く一般人が、広く世界や宇宙の中の日本という意識で日本を眺めるところから始めなければならない。それは一般人ではあるが、ギリシア・キリスト教的ロゴスが身に沁みこんだ人であることが必要だ。西欧人は、生得的にギリシア・キリスト教的ロゴスが身についているが、日本人の場合は勉強してそれを深く理解して本能的のようにその原理で動くような人であることが必要だ。

幕末の、杉田玄白の『蘭学事始』あたりから現れてきて、明治にかけても日本で大きな影響力を示し続けた、新渡戸稲造の『武士道』や福沢諭吉の『文明論之概略』のような、世界的コンテクスト中で働いていた頭脳に学んでいなければならぬ。

畢竟《ひっきょう》、現代の日本でやや忘れられがちになっている、右のような伝統に違《たが》わず固執していた人の、少し古臭い著書に目を留めなければなるまい。なぜかというと、彼等大先輩のあとの日本人は「列強」の仲間入りを急ぐあまり「富国強兵」などの目標に集中して「文化」についてはあまり関心がなくなってしまっていた。ですから今や彼等大先輩に目を向けて、跡目を継いでなんとか文化的なことをやらねばならないのです。この小著もその趣旨に則《のっと》っているのです。要するに、あなた方もこの小著を買って読んで下さいということになります。「なんだそれが言いたかったのか」とお笑いまじりに傍《かたわ》らに置かれたり片寄せられたりする運命もあります。さしあたり沈黙がふさわしいかも知れませんね。しかし小さな片隅に大きな真理が隠れていることもあります。

列強といわれる国々は数百年がんばって固めてきました。しかし文化的に大きくとらえればギリシアから始まってまあ大体二千年あまりの歴史ですね。中国はもっと大きい、縄文《じょうもん》人から人間が生じてきて、これは二千年とか三千年とか、そんな短い期間ではない、何万年とか、考古学的な時間感覚が必要だろう。夏という国がまとまりこれが何年つづいたかよくわからない。次いで殷《いん》、周ときて聖人文王（部下の太公望）で（親しい名前がやっと出てくる）、孔子様も文王に跪《ひざまず》いて尊敬していた。日本も江戸時代を通じて孔子の教えにしたがい儒教《じゅきょう》として文化的にこれを高めた（武士道や箏曲もこの影響を受けている）。そして日本も西欧の神学を受け入れ近代文明国になって文化的には西欧の国々と同じ長さの歴史を歩いた事になる。宇宙が一つの文明でやってゆく事になったら国というものの寿命感覚や面目意識もすっかり変えてゆかなければ、武力衝突を含む国家間の紛争も常態化して、折角平和的にまとまろうとした宇宙《うちゅう》が元の姿にもどってしまい、何千人、何万人の人々が続けてきた文化的な努力の成果が水の泡になってしまうかも知れないのだ。人間の本性はそう簡単に変わるものではない。また人類の危機だ。また思索と研究と学びだ。論説らしきものを書くのが、地球人類の危機だとあらばそれに向けて何程かの役には立つものにしたいと予々《かねがね》思っていたためもあり、まず己《おのれ》を語るが順だろうと考えました。そこで、太古からの日本文化をよく観察して、これを解剖して皆さんにわかりやすいように示すにはどうしたらよいかを考え、西欧の「学」の基準たる論理学の手法やら、「公理」「定理」「演繹的手順」なども活用しつつ、日本文化の全体像を把握して、長期間にわたる文化的諸現象を落ち無くひとつひとつ捕《つか》まえて説明する姿勢で取り組みました。特に第一部に見られるように、昨日今日《きのうきょう》という至近距離の「文化的異常現象」も詳述したのでこの部分が膨大となりこれを非難する声も出ましたが、「これは現代の日本人の『禊《みそぎ》』として一度は示されねばならない歴史的なことなのだ」との正論で強行した次第です。本書全体は何も歴史的役割意識だけでやったわけではない。長らく考えていたことが一挙に働いて、自然にこうなってしまったのです。この小著にならい、これを参考にした書籍《しょせき》もいくつか出てくるでありましょう。

（以上）

徳武　邦男（とくたけ　くにお）

1929年、長野県に生まれる。
旧制松本高等学校、京都大学卒業後、東京の化学系企業に勤める（1952～1993年）。

新訂　日本的人間性の研究
―変遷する日本のアイデンティティーと不変の西欧的ロゴスとの双方を見据えつつ―

2021年9月10日　初版第1刷発行

著　者　徳武邦男
発行者　中田典昭
発行所　東京図書出版
発行発売　株式会社 リフレ出版
〒113-0021　東京都文京区本駒込 3-10-4
電話 (03)3823-9171　FAX 0120-41-8080
印　刷　株式会社 ブレイン

ISBN978-4-86641-428-7 C1010
Printed in Japan 2021